# 손정의
# 제곱법칙

# 손정의 제곱법칙

손자 × 손정의가 만나다

이타가키 에이켄 지음
김정환 옮김

한국경제신문

# '제곱 법칙'에 숨겨진 손정의 성공법

> "지금까지 영업이익 1조 엔을 돌파한 일본 기업은 단 세 곳뿐입니다.
>
> NTT, 토요타 그리고 소프트뱅크입니다.
>
> 그중에서도 소프트뱅크는 불과 33년이라는 최단 기간에 1조 엔을 돌파했
>
> 습니다."

2014년 5월, 소프트뱅크의 결산 발표회에서 손정의 사장은 자랑스러운 표정으로 이렇게 말했다.

소프트뱅크는 2014년 3월 연결결산에서 매출액 약 6조 7,000억 엔을 기록했다. 영업이익, 즉 본업에서 거둬들인 이익이 약 1조 900억 엔이고 순이익이 약 5,300억 엔으로 계상되어 업계 1위 기업이 되었다. 2006년 보다폰 일본 법인을 매수해 휴

대전화 사업에 뛰어든 지 불과 8년 만에, 업계 부동의 1위였던 NTT 도코모를 제치고 일본 정상의 자리에 오른 것이다.

손정의가 최근 수년 사이에 보여준 파죽지세의 모습은 눈이 부실 정도다. 그는 PHS(일본의 간이형 발신 전용 휴대전화 시스템. 한국의 PCS에 해당한다-옮긴이) 통신사인 윌콤과 e모바일 사업을 영위하는 통신사 e액세스, 스마트폰 게임 퍼즐앤드래곤으로 유명한 경호 온라인 엔터테인먼트 등을 차례차례 자회사로 만들었다. 2013년 7월에는 미국 휴대전화 업계 3위 기업인 스프린트 넥스텔을 약 2조 엔에 매수하고, 사명을 스프린트로 바꾼 후 동사의 회장으로 취임했다. 그리고 2014년 5월 중순 현재도 미국 휴대전화 업계 4위 기업인 T-모바일 US를 매수하고자 다방면으로 움직이고 있다. 만약 매수가 실현된다면 소프트뱅크는 차이나 모바일에 이어 세계 2위의 이동통신 회사가 된다(2014년 8월, 독과점을 우려한 미국 통신 당국의 반발로 매수 계획은 무산되었다-옮긴이).

손정의는 지금까지 다들 불가능하다고 이야기할 만큼 높은 목표를 세우고, 그 목표를 매번 이루어왔다. 일본 1위를 달성한 지금, 다음 목표는 '세계 1위의 모바일 인터넷 회사가 되는 것'이다. 그러나 이제는 아무도 이 목표를 "절대 불가능해"라고 외면하거나 "꿈같은 소리 하고 있네"라고 비웃지 않는다.

손정의는 1957년에 일본 열도의 남단인 사가 현에서 태어났다. 중학생 시절에 '어른이 되면 학교 선생님이 되고 싶다'는 꿈을 품었으나, 재일 한국인이라는 출신 때문에 교사가 되기는 어려웠다. 그는 좌절하는 대신 꿈의 방향을 바꿨다. 세계적인 대사업가가 되기로 마음먹고, 고등학생의 몸으로 혼자서 미국 캘리포니아로 유학을 떠났다. 그리고 열아홉 살 때 다음과 같은 '인생 50년 계획'을 세웠다.

20대에는 회사를 세우고 세상에 나의 존재를 알린다.

30대에는 최소 1,000억 엔의 자금을 모은다.

40대에는 조 단위 규모의 중대한 승부를 건다.

50대에는 사업을 완성한다.

60대에는 다음 세대에 사업을 물려준다.

지금까지 손정의는 이 계획을 바탕으로 착실하게 사업을 추진해왔다.

2014년 5월 현재 손정의의 나이는 쉰여섯이다. 즉 '사업을 완성하는' 단계에 있는데, 소프트뱅크 그룹의 매출 규모가 6조 엔을 크게 넘어섰으므로 목표를 이미 달성했다고 말할 수 있다. 그래서 '다음 세대에 사업을 물려준다'라는 다음 단계의 목표를 앞당겨 실행하기 시작했다.

바로 2010년 7월 28일에 처음 문을 연 소프트뱅크 아카데미아에서 다음 단계를 준비 중이다. 소프트뱅크 아카데미아는 다음 세대를 짊어질 경영자를 양성하는 학교다. 손정의는 그 학교의 교장으로서 교단에 서서 수강생들을 직접 지도하기도 한다. '어른이 되면 학교 선생님이 되고 싶다'고 했던 중학생 시절의 꿈을 다른 형태로 실현했다고도 할 수 있으리라.

소프트뱅크는 지금까지 놀라운 속도로 성장해왔지만 미래를 낙관할 수만은 없다. 모든 기업이 그러하듯이 불안 요소는 분명 존재한다. 그중에서도 가장 큰 불안 요소는 손정의 자신이다. 다시 말해 후계자 문제인데, 손정의는 소프트뱅크 아카데미아를 통해 이 문제에도 이미 손을 쓰고 있다.

수강생은 소프트뱅크 그룹사의 직원은 물론이고, 공개 모집을 통해 그룹 외부에서도 지원을 받는다. 아카데미아를 막 열었을 때, 모집을 시작하고 하루도 지나지 않아 수천 명이 몰려드는 대성황을 이루었다. 개교한 지 4년이 지난 현재는 이곳 출신들이 그룹사의 최고 경영자로 발탁되는 사례도 생겨났다.

손정의는 1981년 9월에 일본 소프트뱅크(현재 소프트뱅크)를 창업했다. 그리고 29년이 지나 소프트뱅크 아카데미아의 설립에 착수했으며 30년째에 본격적으로 강의를 시작했다. 소프트뱅크 아카데미아의 목적은 단 하나, 자신의 후계자를 키우는 것이다.

손정의가 소프트뱅크 아카데미아에서 가장 가르치고 싶어 하는 것은 '손의 제곱 법칙'이다. 자신의 후계자 후보들에게 반드시 알려주고 싶은 것이 손의 제곱 법칙이라고 여긴 것이다. 개교식에서 열린 특별 강의 때 제일 먼저 소개한 것도 이 법칙이었다.

특별 강의에서 그는 이렇게 말했다.

"지금까지 저는 수천 권의 책을 읽었고 온갖 경험을 했으며, 시련도 많이 겪었습니다. 그 과정에서 이 25문자를 달성하면 리더십을 발휘할 수 있다, 후계자가 될 수 있다, 진정한 통치자가 될 수 있다고 생각했습니다. 이것은 그런 힘을 가진 25문자입니다."

손의 제곱 법칙은 손정의가 20대 중반에 직접 개발한 경영 방침이다. 세계적으로 유명한 병법서인 《손자孫子》에서 고른 문자에 손정의 자신이 독자적으로 생각해낸 문자를 조합한 '25문자'로 구성되어 있다. 가로 5문자, 세로 5단의 25문자를 읽을 때는 가로로 읽는다. 세로로는 읽어도 의미가 없다. 위의 단부터 순서대로 읽으면 다음과 같이 된다.

# 손의 제곱 법칙 각 문자의 의미

- ☐ 손정의의 창작
- ☐ 《손자》 시계 편에서
- ☐ 《손자》 군쟁 편에서

| 道 도 | 天 천 | 地 지 | 將 장 | 法 법 |
|---|---|---|---|---|
| 뜻을 세운다 | 천시(天時)를 얻는다 | 지리(地利)를 얻는다 | 우수한 부하를 모은다 | 지속적으로 승리하는 시스템을 만든다 |
| 頂 정 | 情 정 | 略 략 | 七 칠 | 鬪 투 |
| 비전을 선명하게 그린다 | 정보를 최대한 모은다 | 죽을힘을 다해 전략을 궁리한다 | 70퍼센트의 승산이 있는지 파악한다 | 70퍼센트의 승산이 있다면 과감하게 싸운다 |
| 一 일 | 流 류 | 攻 공 | 守 수 | 群 군 |
| 철저히 1등에 집착한다 | 시대의 흐름을 읽고 재빨리 행동한다 | 다양한 공격력을 단련한다 | 온갖 리스크에 대비해 수비력을 갖춘다 | 단독이 아닌 집단으로 싸운다 |
| 智 지 | 信 신 | 仁 인 | 勇 용 | 嚴 엄 |
| 다양한 지적 능력을 갈고닦는다 | 신뢰할 만한 인물이 된다 | 사람들의 행복을 위해서 일한다 | 싸우는 용기와 퇴각하는 용기를 가진다 | 부하에게 때로는 엄격함을 보인다 |
| 風 풍 | 林 림 | 火 화 | 山 산 | 海 해 |
| 움직일 때는 바람처럼 빠르게 | 중요한 협상은 물밑에서 비밀리에 | 공격은 불처럼 맹렬하게 | 위기 상황에서도 결코 흔들리지 않는다 | 패한 상대를 포용한다 |

각 단을 가로로 읽는다

9

도천지장법(道天地將法)

정정략칠투(頂情略七鬪)

일류공수군(一流攻守群)

지신인용엄(智信仁勇嚴)

풍림화산해(風林火山海)


첫째 단의 '도천지장법'과 넷째 단의 '지신인용엄', 다섯째 단의 '풍림화산'은 《손자》의 한 구절을 살짝 바꾼 것이고, 둘째 단의 '정정략칠투'와 셋째 단의 '일류공수군', 다섯째 단의 '해'는 손정의의 창작이다. 손의 제곱 법칙은 손정의가 경영의 갈림길에 섰을 때마다 판단과 결단의 재료로 삼아온 것이다. 신규 사업에 도전할 때나 새로운 프로젝트를 시작할 때 등 이전과 다른 국면이나 분기점을 맞이할 때마다 항상 이 25문자를 머릿속에 떠올리고 끝없이 자문자답하며 검토했다. 그럼으로써 그는 자신이 나아가야 할 길을 판단해왔다.


내가 손정의를 처음 만난 때는 1990년 여름이었다. 벤처 비즈니스 업계의 젊은 경영자로 활약하던 그를 직접 인터뷰하면서다. 당시는 소프트뱅크의 전신인 일본 소프트뱅크였는데, 본사가 도쿄 도 미나토 구 다카나와에 있었다.

사무실에 도착하자 손정의가 캐주얼 복장으로 나타났다. 그는 말과 태도가 부드러운 사람이었다. 당시 손정의의 나이는 서른 셋이었다. 나는 먼저 그가 젊다는 데 놀랐고, "직원들의 평균 나이가 스물여덟 살입니다"라는 그의 말에 한 번 더 놀랐다.

내가 질문을 시작하자 그는 얼굴에 사근사근한 웃음을 띤 채로 열변을 토하며 답변해주었다. 응대 방식만 보면 '이 사람이 지금 잘나가는 벤처 기업의 사장인가?' 하는 생각이 들 정도로 친절했다.

인터뷰를 시작하면서 나는 손정의로부터 25문자로 구성된 손의 제곱 법칙 문자판을 받았다. 고급지에 컬러로 깔끔하게 인쇄되어 있었다. 내가 처음으로 손의 제곱 법칙을 본 순간이었다. 손정의는 그 25문자를 하나하나 뜨겁고도 정중하게 설명해줬다. 그때의 기억은 지금도 내 머릿속에 선명하게 남아 있다. 그러나 당시만 해도 이 '손의 제곱 법칙'이 '인생 50년 계획'과 함께 손정의 경영 기법의 바탕을 이루는 중요한 존재인 줄은 꿈에도 몰랐다.

내가 손정의를 처음 만난 날로부터 24년이 흘렀다. 손정의는 약 1,300개에 이르는 그룹사(직원 수 약 2만 3,000명)를 지휘하는 대경영자로 성장했고, 지금도 디지털 정보 혁명의 기수로서 선두에 서서 질주를 계속하고 있다. 손정의는 "어렸을 때부터 사카모토 료마(坂本龍馬, 1836~1867)를 동경했다"라고 밝힌 적이 있는데,

실제 삶에서도 자신을 사카모토 료마에 투영하며 그의 뜨거운 심정을 체현해왔다. 사카모토 료마는 에도 막부 말기에 메이지 유신의 문을 열었고, 손정의는 디지털 정보 사회의 문을 앞장서서 열어젖힌 공로자다. 두 사람 모두 몸과 마음을 바쳐 세상에 맞서는 '혁명가'로 부를 만하다.

내가 24년 전에 처음으로 손의 제곱 법칙을 봤을 때는 25문자의 배열이 지금과 달랐다. '일류공수군, 도천지장법, 지신인용엄, 정정략칠투, 풍림화산해' 순서였다. 손정의는 25문자의 배열을 소프트뱅크 아카데미아 개교식 전날에 갑자기 변경했다고 한다.

24년 전에 인터뷰를 할 때 손정의는 "경영자에게 반드시 필요한 것은 무엇입니까?"라는 나의 질문에 이렇게 대답했다.

**"최고 경영자가 리더십을 발휘할 때 반드시 갖춰야 하는 중요한 것이 셋 있습니다. '뜻, 비전, 전략'입니다. 또한 이 세 가지의 중요성에는 순서가 있습니다. 방금 언급한 대로 '뜻, 비전, 전략'의 순서지요."**

손정의는 개회식의 특별 강의에서 도천지장법은 '뜻(이념)'을, 정정략칠투는 '비전'을, 일류공수군은 '전략'을 의미한다고 말했다. 24년 전의 취재를 되돌아보면 '뜻, 비전, 전략'에 대해 설명한 순서대로 정리했다고도 할 수 있다. 즉, 새로운 배열이 '뜻,

비전, 전략'의 순서대로 되었다는 얘기다.

손정의가 과거에 일류공수군을 제일 윗단에 놓았던 것은 무슨 일이 있어도 '1등'이 되겠다는 의욕의 발로였으리라. 그러나 IT 업계에서 정상급 기업이 된 지금은 '뜻, 비전, 전략'의 순서로 바꾸는 것이 이 법칙을 설명하기에 가장 자연스럽고 적합하다고 느낀 것이 틀림없다. 손정의는 최근에 자신이 지었던 '손의 제곱 법칙'이라는 이름을 '손의 제곱 병법'으로 고친 듯하다. 소프트 뱅크 아카데미아 개교식의 특별 강의에서도 강의 제목을 손의 제곱 병법으로 표기했다.

앞에서도 이야기했듯이 손의 제곱 법칙은 원래 손자의 병법을 바탕으로 만든 것이다. 손정의는 손의 제곱 법칙을 실천해 비즈니스라는 '전쟁'에서 승리해왔다는 자신감으로 이름을 손의 제곱 병법으로 바꾼 것으로 보인다.

그러나 이 25문자는 비즈니스라는 전쟁에서 이기고자 하는 경영자나 사업가, 직장인에게만 유용한 것이 아니다. 앞으로 인생의 거친 파도를 향해 나아가려는 젊은이에게도 유용하다. 또한 인생 100세 시대를 맞이한 오늘날, 제2의 인생을 의미 있게 살기로 마음먹은 중ㆍ노년층에게도 크게 도움이 된다는 것이 내 생각이며 믿음이다. 어떤 벽에 부딪혔거나 일이 생각대로 풀리지 않을 때 이것을 되돌아보면 반드시 현재 상황을 돌파할 열쇠를 발

# 손의 제곱 법칙 배열 변화

▶ 저자가 처음 인터뷰를 했을 때 (1990년)

| | | | | |
|---|---|---|---|---|
| 일一 | 류流 | 공攻 | 수守 | 군群 | → 3단으로 이동
| 도道 | 천天 | 지地 | 장將 | 법法 | → 1단으로 이동
| 지智 | 신信 | 인仁 | 용勇 | 엄嚴 | → 4단으로 이동
| 정頂 | 정情 | 략略 | 칠七 | 투鬪 | → 2단으로 이동
| 풍風 | 림林 | 화火 | 산山 | 해海 |

▶ 소프트뱅크 아카데미아 개교식 때 (2010년)

| | | | | |
|---|---|---|---|---|
| 도道 | 천天 | 지地 | 장將 | 법法 | …… 이념
| 정頂 | 정情 | 략略 | 칠七 | 투鬪 | …… 비전
| 일一 | 류流 | 공攻 | 수守 | 군群 | …… 전략
| 지智 | 신信 | 인仁 | 용勇 | 엄嚴 | …… 장수의 마음가짐
| 풍風 | 림林 | 화火 | 산山 | 해海 | …… 전술

견할 수 있기 때문이다. '지금의 나에게는 이것이 부족했구나!'라는 식으로 중요한 깨달음을 얻을 때도 많을 것이다.

요컨대 손의 제곱 법칙은 경영 지침인 동시에 인생의 지침이자 성공 법칙이기도 하다. 나는 그런 의미에서 '병법'이 아닌 '법칙'이라는 말을 사용하기로 했다.

이 책은 모두 7장으로 구성되어 있다. 먼저 1장과 2장에서는 손정의가 인생 50년 계획과 손의 제곱 법칙을 어떻게 만들었는지 소개한다. 또 2장에서는 25문자의 정의와 의미를 하나하나 자세히 해설한다. 그리고 3장부터는 손정의가 인생 50년 계획을 실행하고 실현하는 과정에서 손의 제곱 법칙을 어떻게 활용해왔는지 구체적으로 살펴본다. 이 무기가 얼마나 효과를 발휘했는지 확인할 수 있을 것이다.

이렇게 손정의가 지금까지 걸어온 인생과 앞으로의 전망 등을 분석해 그 진수에 다가섬으로써 손의 제곱 법칙을 많은 사람이 활용할 수 있는 인생의 지침 또는 도구로 만들고자 한다.

여행을 떠날 때는 일정표와 지도, 나침반이 필수품이듯이 인생이라는 항해를 할 때도 계획표와 지침이 필요하다. 이 두 가지 중 계획표는 누구나 구상할 수 있다. 꿈은 누구나 쉽게 꿀 수 있기 때문이다. 문제는 그 계획을 어떻게 실행에 옮겨서 실현하느냐, 즉 지침이 있느냐 하는 것이다. 당신이 어떤 계획을 구상하

# 손의 제곱 법칙을 활용하는 법

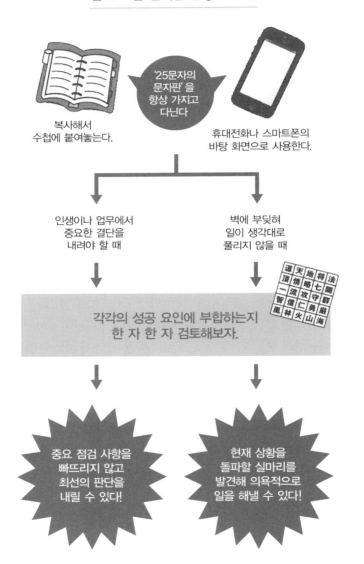

복사해서
수첩에 붙여놓는다.

'25문자의
문자판'을
항상 가지고
다닌다

휴대전화나 스마트폰의
바탕 화면으로 사용한다.

인생이나 업무에서
중요한 결단을
내려야 할 때

벽에 부딪혀
일이 생각대로
풀리지 않을 때

각각의 성공 요인에 부합하는지
한 자 한 자 검토해보자.

중요 점검 사항을
빠뜨리지 않고
최선의 판단을
내릴 수 있다!

현재 상황을
돌파할 실마리를
발견해 의욕적으로
일을 해낼 수 있다!

고 있든지 간에 손의 제곱 법칙이 훌륭한 지침이 되어줄 것이다.

시행착오를 거듭하거나, 도중에 한눈을 팔거나, 돌아서 가는 것도 그 나름대로 의미 있는 삶의 방식이기는 하다. 그러나 손정의라는 선배가 축적하고 다듬어서 완성한, 땀과 눈물의 결정체라고도 할 수 있는 인생 지침이 있는데 그것을 활용하지 않을 이유가 어디에 있겠는가.

이 25문자의 문자판을 복사해서 책상 위 같은 잘 보이는 장소에 붙여놓거나, 주머니나 가방에 넣어 가지고 다니거나, 휴대전화 대기 화면으로 설정하여 수시로 들여다보며 마음에 새기기를 권한다. 인생의 여러 국면에 처해 중대한 판단을 해야 할 때, 냉정한 자세로 이 문자판을 한 자 한 자 짚어보면 크게 도움이 될 것이다.

물론 이 문자판의 25자 전부를 만족시키기는 현실적으로 어려울 것이다. 손정의 자신조차 "25자를 전부 이룰 수는 없다"고 말했으니 말이다. 한 자라도 좋다. 그 문자를 만족시키기 위해 노력하다 보면 나날이 발전하는 것을 스스로 느끼게 될 것이다. 이 문자들을 의식하고 문제를 대하는 것과 그렇지 않은 것에는 엄청난 차이가 있을 것이다.

이타가키 에이켄

| 차례 |

# 1장

# 인생 50년
# 계획을 세워라

얼마나 오래 사느냐가 아니라
얼마나 불태웠느냐가 중요하다.

## 남다른 어린 시절

손정의는 미국에서 유학 중이던 열아홉 살에 다음과 같은 '인생 50년 계획'을 세웠다.

20대에는 회사를 세우고 세상에 나의 존재를 알린다.

30대에는 최소 1,000억 엔의 자금을 모은다.

40대에는 조 단위 규모의 중대한 승부를 건다.

50대에는 사업을 완성한다.

60대에는 다음 세대에 사업을 물려준다.

이후 그는 수많은 우여곡절을 겪으면서도 대부분 자신이 계획한 대로 인생을 걸어왔다. 그렇다면 이 계획을 세우기 전까지는 어떤 인생을 살았을까?

손정의는 1957년 8월 11일에 사가 현 도스 시에서 태어났다.

크게 될 인물은 어렸을 때부터 어딘가 다르다고 하는데, 손정의도 천성적으로 '경쟁심'과 '근성'을 타고났다. 하지만 그 두 가지는 아무리 천성으로 타고났다 하더라도 그것만으로는 본래의 힘을 발휘하지 못한다. 성장 과정에서 단련해야 한다. 그 천성이 정말로 자기 것이 되도록 꾸준히 연습하고 단련해야만 꺾이지 않는 강인한 경쟁심과 근성이 발현될 수 있다.

오늘날의 손정의도 하루아침에 만들어진 것이 아니다. 피를 토하는 노력을 거듭했기에 세계적으로 이름을 떨친 천재 경영자가 될 수 있었다.


손정의는 니노미야 다카노리(二宮尊德, 1787~1856)를 깊이 본받고자 했다. 지금은 그에 대해 이야기하는 사람이 많지 않지만, 한때는 전국 각지의 초등학교 운동장 한구석에 그의 동상이 서 있었다.

니노미야 다카노리는 에도 시대 말기에 사가미 국(현재의 가나가와 현)에서 태어났으며 본명은 긴지로(金治郎)라고 한다. 풍부한 농업 지식과 독특한 정치력을 가진 농정가(農政家)로 알려져 있다. 소년 시절, 땔나무를 지고 걸으면서 책을 보고 공부했다는 일화가 유명해 그 모습을 묘사한 동상이 많다. 그 동상은 단순히 공부를 좋아하는 소년이 열심히 노력한다는 의미만 담고 있는 것이 아니다. 가난 속에서도 열심히 공부해 위대한 인물이 되겠다는 야망을 품은 위인의 경쟁심과 근성의 결정체를 보여주는 것이기도 하다.

손정의는 스포츠를 통해 경쟁심과 근성을 단련했다. 어렸을 때부터 나름대로 여러 가지 노력을 했는데, 축구에 푹 빠졌던 초등학교 5학년 때 에피소드가 특히 유명하다. 그는 처음에는 쇠로 만든 나막신을 신고 하체를 단련하려 했다고 한다. 먼저 스포츠용품을 파는 상점에서 쇠로 만든 나막신을 사 왔다. 하지만 그걸 신고 걸으면 무척 시끄러워서 걸음을 제대로 뗄 수가 없었다. 그래서 형한테 낡은 농구화 한 켤레를 얻어서 철판 위에 분필로 본을 뜬 다음 동네 철공소에 가서 그 모양대로 잘라 왔다. 그러고는 그것을 신발에 깔창처럼 집어넣고 신어보았다. 그러나 이번에도 도저히 걸을 수가 없었다. 발바닥이 자꾸 미끄러지고 발 따로 신발 따로여서 걸음을 옮기기가 어려웠다. 어린 손정의는 그때 처음으로 '신발은 유연하게 구부러지기 때문에 신고 걸을 수 있는 것'이라는 사실을 깨달았다고 한다.

또 다른 이야기도 있다. 야구선수들의 우정을 담은 〈거인의 별〉이라는 인기 만화가 있는데, 주인공이 양팔에 용수철 깁스를 하고 팔을 단련하는 장면이 나온다. 손정의는 팔 힘을 키우기 위해 그 훈련을 따라 해보기로 했다. 다만 용수철 깁스는 움직이다 보면 살이 끼어서 아플 테니 용수철 대신 자전거 튜브를 사용하자고 생각했다. 그는 동네 자전거 가게에서 오래된 튜브를 얻어 와 양팔에 칭칭 두른 다음 그 위에 잠옷을 입고 잤다. 그런데 잠을 자다가 땀으로 범벅이 된 채 끙끙 앓는 그를 형이 발견했고, 형은 걱정이 되어 어머니를 불렀다. 어머니가 달려와 잠옷을 벗겨보니 팔 전체에 튜브가 감겨 있는 게 아닌가. 깜짝 놀란 어머니는 "정의야, 도대체 무슨 짓을 한 거니!"라며 크게 혼냈다고 한다.

어머니께 꾸지람을 들었다고 해서 단련을 그만둘 그가 아니었다. 이번에는 낡은 자동차 타이어를 매달아놓고 헤딩 연습을 했다. 목을 단련하려는 생각에서였다. 한번은 아이들과 축구를 하던 중 헤딩을 하다가 얼굴에 공을 맞아서 코피가 났다. 피를 흘리는 모습을 본 친구들은 모두 겁을 먹고 물러섰지만 손정의는 태연했다. 타이어로 목을 단련해놓은 덕분에 아무렇지도 않았던 것이다. 그런 투지로 경기를 계속한 결과 손정의 팀이 큰 점수 차로 이길 수 있었다. 손정의는 "어렸을 때부터 남에게 지기 싫어하고 완전히 불태우지 않으면 성이 차지 않았는데, 그 성격은 커서도 변함이 없습니다"라고 말했다(1장에 등장하는 손정의의 발언은 모두 저자가 과거에 인터뷰했을 때 그가 한 말이다).

그의 말에서도 엿볼 수 있듯이 '지기 싫어하고 완전히 불태우는' 그의 성격이 세계적 경영자가 되는 데 큰 몫을 했다. 싸움에 이기는 것이 본래의 임무인 최고 리더에게 단호하고 확고한 의지와 실행력이야말로 무엇보다 필요한 덕목이다. 다른 사람들을 이끌고, 비즈니스라는 전쟁터에서 주인공이 되려면 반드시 갖춰야 하는 요건이다. 손정의는 어린 시절부터 강한 의지와 실행력을 보였다. 손정의는 그것을 타고난 그 상태로 방치하지 않았다. 땅속에서 뿜어 나오는 마그마처럼 몸속에서 경쟁심이 솟아나기를 기다리지 않고, 더욱더 단련하려고 의식적으로 노력했다. '구슬이 서 말이라도 꿰어야 보배'라는 말과 마찬가지로 말이다.

손정의는 어렸을 때부터 얌전한 우등생이라기보다 친구들과 놀러 다니기를 좋아하는 쪽이었다. 초등학생 때는 집에서 공부한 기억이 거의 없다. 교과서는 항상 학교 책상 속에 처박아뒀고, 학교가 끝나면 반 친구 십여 명을 데리고 근처 산으로 탐험을 가거나 해가 떨어질 때까지 운동장에서 축구나 야구에 몰두했다. 숙제는 아침에 등교해서 했다. 대부분은 수업이 시작되기 직전에 급하게 마치곤 했다.

그는 운동에 소질도 있었다. 야구는 3번 타자에 3루수(일본에서는 요미우리 자이언츠의 전설적인 선수 나가시마 시게오의 영향으로, 특히 동네 야구의 경우 수비를 잘하는 선수가 3루수를 보는 경향이 있다 - 옮긴이)

를 봤고, 달리기는 늘 반에서 1등이었다. 체육 성적만큼은 줄곧 '수'를 놓치지 않았다.


## 마음먹은 일은 반드시 해낸다

초·중학생 시절을 그렇게 열심히 놀고 운동하면서 보냈음에도 손정의는 명문으로 이름 높은 구루메 대학교 부설 고등학교에 진학했다. 그런데 1학년 여름방학 때 우연히 한 달간의 미국 어학연수 기회를 얻었다. 당시 〈백만 인의 영어〉라는 잡지가 있었는데, 그 잡지에 '40일간의 미국 연수 여행'이라는 광고가 실려 있었다. 캘리포니아 대학교 버클리 캠퍼스에서 한 달을 보낸다는 내용이었다. 손정의는 별생각 없이 그 어학연수에 응모했다.

"그때는 그냥 한 달 동안 미국을 보고 싶다는 가벼운 생각이었습니다."

그러나 미국이라는 거대한 나라에서 생활하는 동안 그는 강한 충격을 받았다. 보고 듣는 모든 것이 신선하고 감동적이었다. 비록 영어는 서툴렀지만 그런 분위기가 온몸으로 느껴졌다. 특히 쾌활하고 자유로운 풍토가 손정의의 마음을 사로잡았다. 폐쇄적인 일본과 달리 외부 사람에게도 개방적이었으며, 나이 지긋한 어른들도 젊은 사람에게 스스럼없이 의견을 물어봤다. 더욱이 캘리포니아 대학교 버클리 캠퍼스에는 자유분방한 분위기가 가득했는데, 노벨상 수상자가 다수 탄생한 것도 그런 분위기와 무관하지 않으리라는 생각이 들었다.

손정의는 미국, 특히 캘리포니아에 완전히 매료되었다.

'미국은 정말 대단한 나라구나. 이 나라를 더 자세히 알고 싶다. 좀 더 오랫동안 있으면서 많은 것을 접하고 싶어. 한두 달 머물면서 보는 것으로는 부족해. 더 깊이 알고 싶다고. 한가하게 일본에서 학교에 다닐 때가 아니야. 인생은 짧지 않은가.'

이런 생각이 들자 연수 중간부터 그의 머릿속은 '단기 어학연수가 아니라 본격적으로 미국에서 공부하고 싶다'는 생각으로 가득 찼다.

어떤 일을 하기로 마음먹으면 무슨 일이 있어도 해야 하는 열정적 성격의 소유자인 그는 귀국하자마자 선생님을 찾아가 선언했다.

"퇴학하고 미국에 가겠습니다."

당연한 말이지만 선생님은 물론이고 친구들도 의아하게 생각하며 맹렬하게 반대했다.

"무슨 뚱딴지같은 소리를 하는 거야?"

"지금 제정신이야? 그 먼 나라에 혼자 가서 어떻게 살려고 그래."

"말도 안 통하잖아!"

그러나 손정의는 고집을 꺾지 않았다.

'일단 결심한 이상 모두가 반대해도 가겠어.'

부모님께도 솔직하게 말했다.

"학교를 중퇴하고 미국으로 건너가 공부하고 싶습니다. 저 자신을 시험해보고 싶습니다."

이 청천벽력 같은 말에 부모님은 깜짝 놀랐고, 이야기를 들은 형제와 친척들까지 한목소리로 반대했다. 어머니는 "제발 가지 말아라"라며 울음을 터트리기도 했다.

그러나 손정의는 일단 말을 꺼낸 이상 절대 물러설 생각이 없었다. 무슨 일이 있어도 미국에 가겠다고 굳게 결심한 상태였다. 그런데 문제가 생겼다. 미국의 고등학교에 입학하는 절차와 비자 취득 방법을 소개한 책에 '신원을 보증해줄 사람이 없는 사비 유학은 원칙적으로 불가능하다'라고 적혀 있었던 것이다. 그래서 어학연수로 미국에 갔을 때 자신을 가르쳐줬던 선생님께 편지를 보냈다. 다행히 얼마 지나지 않아 그로부터 신원 보증인이 되어주겠다는 답장을 받았다.

한편 가족 중에서 제일 먼저 손정의의 결심을 인정해준 사람은 아버지 미쓰노리(孫三憲)였다. 그 무렵 십이지장이 파열되어 구루메 시내의 병원에 입원 중이던 아버지는 다음과 같이 말씀하시며 미국행을 허락했다.

"1년에 한 번은 돌아오너라. 그리고 그쪽 여자와는 결혼하지 마라. 결혼을 하려면 동양계 여자와 하거라."

이렇게 해서 손정의는 고등학교를 중퇴하고 미국으로 떠났다. 한 달짜리 어학연수를 마치고 귀국한 지 반년 만인 1974년 2월이었고, 당시 그는 불과 열여섯 살이었다.

가족과 친구들의 반대를 무릅쓰면서까지 미국으로 유학을 가지 않았다면 오늘의 손정의는 존재하지 않을지도 모른다. 손정의는 당시를 되돌아보며 이렇게 말했다.

"얼마 전에 문득 당시를 되돌아보면서 '그런데 정말로 나는 왜 미국에 간 걸까?'라는 생각을 한 적이 있습니다. 사실 저의 잠재의식 속에는 어떤 책 하나가 자리하고 있는데, 아무래도 그 책이 계기였던 것 같습니다. 물론 잡지에서 연수 여행이라는 광고를 본 것도 하나의 계기였지만, 저의 잠재의식 속에서 매우 중요한 위치를 차지했던 것은 그 책이었습니다. 바로, 시바 료타로(司馬遼太郎, 1923~1996)의 대하소설 《료마가 간다》입니다. 저는 열다섯 살 때 그 책을 처음 읽고 큰 감동을 받았습니다. 일본 역사에 이토록 굉장한 사람이 있었구나 하는 감동이었지요. 책에는 메이지 유신 무렵, 혈기왕성한 사람들이 자신의 인생을 걸고 불꽃처럼 살아가는 모습이 그려져 있었습니다. 자신의 생명을 불태운 것이지요. 아마 저도 잠재의식 차원에서 그런 부분에 감화되었던 것이 아닐까 싶습니다."

'무슨 일이 있어도 밀고 나간다.' 손정의에게 이런 단호하고 확고한 의지와 실행력이 있음은 미국 유학의 실현을 통해 증명되었고, 나아가 이 일을 계기로 더욱 강화되었다.

좁은 일본에 틀어박혀 평생을 보낸다면 몰라도 국제사회에 나가 큰 승부를 걸기로 했다면 어학 능력을 키워야 한다. 특히 영어 회화 능력은 반드시라고 해도 좋을 만큼 필수적인 능력이다. 영어만 할 줄 알면 적어도 지구의 70퍼센트에 이르는 지역에서 불편 없이 비즈니스를 할 수 있다. 반대로 영어를 못하는 것은 외국인과 비즈니스를 할 때 치명적인 약점이 된다.

1974년 2월에 미국으로 건너간 손정의는 먼저 캘리포니아 주에 있는 홀리네임즈 대학의 영어 학교에서 외국인 학생을 위한 특별 영어 교육 프로그램을 수강했다. 그리고 같은 해 9월에는 샌프란시스코의 세라몬테 고등학교(4년제)에 2학년으로 입학했다. 그런데 몇 주 뒤에 대학 입학 검정시험에 합격했기 때문에 세라몬테 고등학교는 아주 잠깐 다녔을 뿐이다.

세라몬테 고등학교를 떠난 지 11개월 뒤인 1975년 9월, 열여덟 살이 된 손정의는 홀리네임즈 대학에 입학했다.

## 이기기 위해 장기 계획을 세워라

이후 손정의는 약 2년 동안 홀리네임즈 대학에 다녔다. 사업가가 되기로 마음먹고 '인생 50년 계획'을 세운 것이 바로 그 무렵이다.

그렇다면 왜 이 시기에 인생 계획을 세울 생각을 했을까? 손정의는 인생 50년 계획이라는 장기 계획을 세울 때 역사적인 두 인물을 모델로 삼았다. 한 사람은 앞서 언급한 《료마가 간다》의 주인공 사카모토 료마이고, 다른 한 사람은 전국 시대의 무장 오다 노부나가(織田信長, 1534~1582)다.

오다 노부나가는 전국 시대에 종지부를 찍고자 '천하포무(天下布武: 어지러운 세상을 무로써 바로잡겠다는 의미-옮긴이)'를 뜻으로 삼은 인물이다.

"인생 50년, 하천(下天: 천상계에서 가장 낮은 곳. 이곳에서의 하루는 인간계의 50년이라고 한다-옮긴이)에 비하면 한순간의 꿈과 같네. 생명을 얻은 자 중 죽지 않는 자가 어디 있겠는가."

오다 노부나가가 즐겨 불렀다는 전통 노래의 한 대목이다. 노래와 춤을 좋아했다는 데서도 그의 생사관을 엿볼 수 있다. 인생은 긴 것 같지만 사실은 짧다. 순식간에 나이를 먹고 만다. 말 그대로 한순간의 꿈과 같다. 그런 오다 노부나가는 오랜 숙원의 달성을 눈앞에 두고 부하 장수인 아케치 미쓰히데(明智光秀, 1529~1582)에게 죽임을 당하고 만다. 향년 49세. 그야말로 인생 50년을 '한순간의 꿈처럼' 살았던 무장이다.

손정의가 모델로 삼은 것은 오다 노부나가의 '인생 50년'이라는 삶의 모습이 아니었다. 싸움에서 적을 이기기 위해 세운 '장기 계획'이었다. 오다 노부나가는 일반적인 인식과는 전혀 다르게 장기 계획을 세우고 세밀한 계산을 할 줄 아는 두뇌의 소유자였다. 손정의는 노부나가의 부친 오다 노부히데(織田信秀, 1510~1551)와 노부나가 두 사람만이 알고 있던 비밀스러운 장기 작전 계획을 발견하고 크게 감동하여 오다 노부나가에 심취하게 되었다. 그와 함께 장기 작전 계획을 세우는 것이 얼마나 중요한지를 확실히 깨닫게 되었다.

오다 노부나가는 어떤 장기 작전 계획을 세웠을까? 손정의 이야기에서는 조금 벗어나지만 간단히 다루고 넘어가겠다.

'오와리의 멍청이'라고 불리며 바보 취급을 받던 오다 노부나가는 부친의 사후 오다 일족의 우두머리가 된다(오와리는 오다 가문의 영지로, 영주의 장남이었던 노부나가는 적을 방심케 하기 위해 일부러 멍청이 행세를 한 것으로 알려졌다 —옮긴이). 그가 명실상부한 영주가 되고 역사의 전면에 부상하기 시작한 것은 '오케하자마 전투'에서 이마가와 요시모토(今川義元, 1519~1560)를 베고 대승을 거뒀을 때다.

오케하자마 전투는 일본 역사상 가장 유명한 역전극이다. 대군을 이끌고 오와리를 침공한 이마가와 요시모토를 오다 노부나가가 10분의 1 정도밖에 안 되는 병력으로 기습해 격파한 것이다. 이는 우연히 얻은 승리가 아니었다. 오케하자마 전투에 이르기까지의 장기 작전 계획은 10년도 더 전에, 즉 아버지인 오다 노부히데 시대에 이미 세워놓았다는 이야기도 있다.

오다 노부히데와 노부나가 부자는 이마가와 요시모토가 언젠가는 대군을 이끌고 오와리를 쳐들어오리라고 예측했다. 그래서 '정말로 쳐들어온다면, 이마가와군이 대군의 위력을 발휘하지 못하도록 오와리와 미카와 국경 부근의 좁은 곳에서 결전을 치른다'라는 작전 계획을 세워놓았다. 그리고 오다 노부나가는 다음과 같은 생각도 해두었다.

① 예상되는 전장 부근에 국경 요새를 배치하고 적의 태세를 흩뜨려 전투 기회를 만들어낸다.

② 적의 대군을 상대하지 말고 이마가와 한 명을 노리며, 이것으로 승패를 결정한다. 이를 위해 이마가와의 행동을 시시각각으로 파악할 첩보망과 그를 방심시켜 기습 기회를 만들어낼 모략 공작을 준비한다.

③ 아군의 출격 의도를 적의 첩보망에 들키지 않게 한다.

④ 적의 모략에 당하지 않도록 일족의 단결을 꾀하고, 이단자는 눈물을 머금고 처단한다.

⑤ 양 대국의 협공에 당하지 않도록 인근의 미노 국과 화친을 꾀하고 모든 전력을 이마가와에게 집중한다.

⑥ 큰 적을 상대할 수 있도록 전군의 사기를 높인다. 10배의 적에 맞서 섣불리 진격하면 부하들이 도망쳐 군이 궤멸할 우려가 있다.

⑦ 예상되는 전장의 지리를 오다 노부나가 자신의 눈으로 확인한다. 이를 적의 첩자에게 들키지 않도록 기묘한 행색으로 사냥을 하며 돌아다닌다.

오다 노부나가는 1560년 5월 19일 새벽에 덴가쿠하자마에서 불과 3,000명의 병력으로 3만 명에 이르는 이마가와군을 격파했다. 이는 장기 작전 계획대로 해서 거둔 승리였다.

그런데 '덴가쿠하자마에서 쉬고 있는 이마가와를 노린다'라는 핵심적인 작전은 결행 직전에 결정되었다. 오다 노부나가로서도 결승점을 미리 알 수는 없었다. 다만 '언젠가', '어딘가'가 결승점이 된다는 것은 분명하다. 특정할 수 없고 명확하지는 않지만, 결승점은 반드시 현실로 존재하게 된다. 오다 노부나가는 그 답을 'X'로 놓고 결전에 대비한 것이다. 이것이 바로 '대수적(代數的) 운용'이다.

《전쟁론》으로 유명한 프로이센의 육군 장교이자 군사 전략가 클라우제비츠(Carl von Clausewitz, 1780~1831)가 말했듯이, '작전 계획의 기초 조건 중 4분의 3은 불명확한' 법이다. 이것은 어느 시대에나 변함이 없다. 그래도 계획의 기초만 명확히 하면 정세가 바뀌었을 때 간단히 수정할 수 있다. 가령 '3+5=8'이라고 계획했다면, '3'이 '4'로 바뀌었을 때 답을 '9'라고 빠르게 고칠 수 있다.

그렇다면 오다 노부나가는 장기 작전 계획에 따라 어떻게 대수적 운용을 거듭하며 결승점을 좁혀나갔을까? 이를 시간순으로 살펴보면 다음과 같다.

① 1560년 5월 10일, 이마가와 요시모토의 군대 3만은 교토를 향해 진격했다. 5월 15일에는 전군이 한꺼번에 진격하기 위한 강력한 전투태세를 취했다.

② 오다 노부나가는 와시즈, 마루네, 단게, 젠쇼지, 나카시마

의 요새에 병사 1,000여 명만을 배치하고 자신은 기요스 성에서 춤과 노래를 즐길 뿐 움직이려 하지 않았다.

③ 이마가와 요시모토는 5월 18일에 구쓰카케 요새로 들어가 "내일 새벽을 기해 일제히 전투를 개시한다. 본대는 새벽 5시 반에 구쓰카케를 출발해 저녁에 오다카 성으로 들어가라"라고 명령했다.

그러나 오다 노부나가는 여전히 작전 회의도 열지 않았다. 그뿐만이 아니라 가신들을 집으로 보내 쉬게 했고, 18일이 되었는데도 종일 아무런 명령을 내리지 않았다. 중신들은 서서히 다가오는 이마가와군의 움직임에 오와리의 운명을 걱정하며 침통한 표정으로 오다 노부나가에게 모여들었다. 중신들은 오다 노부나가가 출격을 할지, 성을 지키고 있을지 아니면 승산이 있어서 느긋하게 기다리는 것인지, 자포자기한 것인지 짐작도 가지 않아 초조할 뿐이었다.

④ 그러나 오다 노부나가는 장기 작전 계획을 바탕으로 이마가와의 이후 동향에 관한 정보를 목이 빠지게 기다리고 있었다. 물론 적의 첩보망에 이쪽의 출격 의도를 들키지 않도록 철저히 주의했다.

이때 오다 노부나가의 수식은 미지수로 가득했다. 기지수(既知數)는 '이마가와가 오다카 성에 들어가기 전에 급습한다'는 것뿐이었기에 답은 '대기'였다.

⑤ '이마가와, 19일에는 오다카에 머무름'이라는 정보를 입수했을 때, 수식의 답은 '출진'으로 바뀌었다. 이에 오다 노부나가는 아쓰타에 부하 1,000명을 집결시켰다. 이때 오다 노부나가의 답은 '서둘러 전장으로 간다'가 되었다. 와시즈와 마루네의 요새가 함락됐다는 보고에도, 가신 사쿠마 모리시게가 전사했다는 비보에도 그 답은 바뀌지 않았다.

⑥ 전장에 도착한 오다 노부나가는 오다 가문의 국경 요새를 함락하여 기세등등한 모습의 이마가와군을 봤을 때도 '공격'이라는 답을 내지 않았다. '이마가와군의 본진을 노리느냐, 눈앞의 적을 공격하느냐'라는 선택지 중에서 하나의 답을 낸 것은 '이마가와, 지금 덴가쿠하자마에서 점심 식사 중!'이라는 정보를 입수했을 때였다.


요컨대 오다 노부나가가 처음부터 덴가쿠하자마에서 이마가와 요시모토를 공격하려고 생각해둔 것은 아니었다. 시시각각으로 변하는 상황을 지켜보며 그때마다 미지수 X를 기지수로 바꿔나간 것이다.

# 미지수를 기지수로 바꿔나가라

다시 손정의 이야기로 돌아가자.

미국 유학 중에 손정의는 자신이 일본에 있을 때 역사에 관한 책과 영화, TV 드라마 등을 통해 오다 노부나가에 매료되었고 그가 싸우는 방식에 감동했던 기억을 떠올렸다. 손정의는 오다 노부나가의 대수적 운용법을 천재적인 직관으로 감지하고, 오다 노부나가가 전략을 세우는 방법을 참고해 자신의 인생과 사업 경영에 대한 장기 계획을 만들었다.

앞에서도 소개했지만, 손정의가 세운 장기 작전 계획인 인생 50년 계획은 '20대에는 회사를 세우고 세상에 나의 존재를 알린다. 30대에는 최소 1,000억 엔의 자금을 모은다. 40대에는 조 단위 규모의 중대한 승부를 건다. 50대에는 사업을 완성한다. 그리고 60대에는 다음 세대에 사업을 물려준다'였다. 여기에는 당연히 미지수가 많이 포함되어 있다. 구체적인 내용은 하나도 없는, 그야말로 'X' 그 자체다.

손정의의 수식은 미지수로 가득했다. 그러므로 손정의의 인생 50년 계획은 어디까지나 대략적인 밑그림이다. 조금 부연 설명을 하면, 손정의는 결정할 수 없는 것까지 억지로 결정하려고는 하지 않았다. 미래의 일은 대략적인 방침만 정해놓으면 된다. 먼

# 대수적 사고법으로 장기 계획을 세운다

상황은 시시각각으로 변한다.

먼 미래의 일을 세세하게 정해놓더라도
대부분 헛수고로 끝난다.

장기 목표를 세울 때는
커다란 방침만 결정한다.
세세한 부분은 무리하게 정하지 말고
미지수인 채로 놔둔다.

## 예: 인생 계획

20대, 'X'라는 사업을 시작해 이름을 알린다.
30대, 'Y'라는 사업으로 자금을 모은다.
40대, 'Z'라는 사업으로 중대한 승부를 건다.

그 후 X, Y, Z라는 미지수를
하나하나 기지수로 바꾸며
현실화해간다.

앞날의 일까지 세세하게 정해놓은들 그것은 대부분 헛수고가 되기 십상이다. 상황은 시시각각으로 변하며, 예측할 수 없는 사태가 발생하는 경우도 많기 때문이다.

비즈니스라는 싸움에서 꼭 필요한 병법으로 가장 잘 활용해야 하는 것은 수학이다. 대수적 사고법이 필수이기 때문이다. 산술은 처음부터 확실한 답을 구하기 위해 계산한다. 그에 비해 대수는 미지수를 포함한 답, 즉 'X'를 먼저 구해놓는다. '답은 X라고 하자'라고 하여 일단 임시적인 답으로 삼는다. 이것이 '치환법'이라는 해법이다.

이 치환법을 인생이나 비즈니스에 응용할 수 있다. 장기 작전 계획에서 대략적인 형태로 제시하는 전략, 즉 목표를 X로 치환한다. 그런 다음 정보 수집 등의 노력을 통해 이 'X라는 미지수'를 하나하나 기지수로 바꾸며 현실화해가는 것이다.

미지수 X를 기지수로 바꿔나가려는 손정의의 싸움은 장기 작전 계획을 '인생 50년 계획'이라는 형태로 명확히 했을 때부터 시작되었다.

# 중고 게임기 판매로 창업 연습을 하다

손정의는 홀리네임즈 대학을 2년 다닌 뒤 캘리포니아 대학교 버클리 캠퍼스 경제학부에 3학년으로 편입했다. 이 버클리 캠퍼스에서의 생활이 그의 인생을 크게 바꿔놓았다.

미국의 대학에 '이름만 학생'인 학생은 없다. 하나같이 진지하게 공부하는 학생뿐이다. 그런 면학 분위기와 더불어 또 하나 특징적인 것은 컴퓨터를 24시간 마음껏 사용할 수 있다는 점이었다. 일본에서는 아직 학생이 컴퓨터를 만질 기회가 거의 없던 시절이었다. 이와 같은 환경은 손정의에게 커다란 행운이었다.

손정의는 약 6년 동안 미국 유학 생활을 했다. 공부를 최우선으로 삼기 위해 밥을 먹을 때나 화장실에 갈 때, 심지어 목욕을 할 때조차 교과서와 참고서를 손에서 놓지 않았다고 한다. 수면시간은 하루 세 시간에서 다섯 시간이었다. 길을 걸을 때도 교과서를 읽으며 걸었고, 자동차를 운전할 때도 수업 내용을 녹음한 테이프를 들었으며, 신호에 걸리면 교과서를 꺼내 핸들 위에 올려놓고 읽었다. 맹렬한 공부벌레였던 것이다.

어느 순간 손정의는 실감했다.

'니노미야 다카노리를 이겼다!'

앞서 소개한 대로 니노미야 다카노리는 지게를 지고 걸어가면

서 책을 읽었다고 했는데, 손정의 자신은 그보다 더 맹렬히 공부
했다는 생각이 든 것이다.

　손정의는 엄청난 속도로 영어 회화 실력을 높여나갔다. 사업
가를 지망했던 그에게 미국 유학 시절의 공부는 훗날 무엇보다
커다란 힘이 되었다.

　캘리포니아 대학교 버클리 캠퍼스에 다닐 때부터 손정의는 이
렇게 결심했다.

　'일본에 돌아가면 사업을 시작해 그 업계에서 최고가 되겠어!'

　이를 위한 연습으로 미국에서 회사를 세워보자고 생각했다.
그는 1979년 대학 근처에 유니손 월드라는 회사를 설립했다.
'음성 장치가 달린 다국어 번역기'를 발명해서 얻은 자금을 밑천
으로 해서다.

　유니손 월드의 사업 내용은 일본에서 사용하던 중고 인베이더
(정식 명칭은 스페이스 인베이더. 타이토에서 1978년에 발매한 아케이드 게
임으로, 당시 일본에서는 사회 현상이 될 만큼 엄청난 인기를 끌었다-옮긴
이) 게임기를 수입해서 소프트웨어를 손본 다음 레스토랑과 칵테
일 라운지, 카페테리아, 학생 기숙사 등에 설치하는 것이었다.
한창일 때는 350대 정도의 게임기를 보유했다고 한다. 이 사업
은 수입이 매우 짭짤해서, 한때는 버클리에서 가장 큰 게임센터
를 경영할 정도였다. 그 공간과 사업권을 사기 위해서 약 20만

달러를 들였는데, 이 자금은 불과 2년 만에 회수됐다. 게임으로 벌어들인 돈은 유니손 월드에 재투자했다. 그 결과 유니손 월드는 졸업할 때까지 100만 달러라는 큰돈을 손정의에게 안겨줬다.

버클리 캠퍼스 시절의 손정의는 사업에 열중했다. 그렇게 열심히 일하면서도 학교 수업에 꼬박꼬박 출석하고 학점을 따는 손정의가 주위 사람들 눈에는 신기하게 보일 정도였다.

그런데 손정의는 대학을 졸업하는 동시에 유니손 월드의 경영권을 공동 출자자이기도 했던 부사장에게 양도하고 1980년 3월에 일본으로 돌아왔다. 본인이 원한다면 전도양양한 청년 사장으로서 졸업 후에도 미국에 머물 수 있을 터였다. 그럼에도 손정의는 사장 자리를 친구에게 양보하고, "반드시 돌아올게"라는 다짐을 남긴 채 귀국했다. 열아홉 살에 세운 인생 50년 계획을 실행하기 위해서였다.

손정의는 당시를 회상하며 이렇게 말했다.

"다들 회사가 이렇게 잘되고 있는데 왜 일본으로 돌아가느냐고 물었지요. 하지만 제게 유니손 월드는 학창 시절의 아르바이트 대신이자 언젠가 정식으로 회사를 세우기 위한 예행연습 같은 것이었습니다. 저는 처음부터 대학을 졸업하면 일본으로 돌아가겠다고 결심했어요. 평소에 직원들에게도 그렇게 공언했습니다."

여담이지만, 손정의는 스물한 살 때 2년 연상인 오노 유미(大野優美)와 결혼했다. 두 사람 다 아직 버클리의 학생이었을 때다.

## 경영자의 길로 들어서다

일본 대학에서는 성적이 우수한 학생들은 대부분 졸업 후 중앙 관청이나 경영이 안정된 일류 대기업에 취직해 출세 가도를 달리는 것을 최선의 길로 생각한다. 이에 비해 미국 대학에서는 우등생일수록 평생에 한 번은 기업을 세워서 경영자가 되는 것을 최고의 명예로 생각한다고 한다. 이처럼 미국과 일본의 대학생은 기풍과 가치관이 다르다.

손정의는 미국 대학의 영향을 강하게 받고 귀국했다. 그리고 귀국하자마자 경영자로서 대성하고자 사업을 시작했다.

고향인 규슈로 돌아온 손정의는 즉시 후쿠오카 시 미나미 구의 오하시 역 근처에 있는 아버지 소유의 토지에 개인 사무실을 열었다. 그리고는 시장 조사와 함께 원점에서 사업 계획을 구상하기 시작했다. 어떤 사업을 해야 일본 최고가 될 수 있느냐를 다방면으로 고민했다. 그리고 약 1년 뒤인 1981년 3월에는 후쿠오카 시 하카타 구의 잣쇼노쿠마로 사무실을 옮기고 주식회사

유니손 월드를 설립했다.

또한 그로부터 반년 뒤에는 시장 조사 기간에 고용했던 아르바이트 직원 두 명을 데리고 주식회사 일본 소프트뱅크를 창업했다. 컴퓨터용 패키지 소프트웨어의 도매업을 하는 회사였다. 미국에서 귀국한 지 1년 반, 스물네 살의 나이에 드디어 일본 시장에서 새로운 도전을 시작한 것이다. 어떤 회사의 한쪽 구석을 빌려서 책상만 두 개 들여놓은, 지금의 소프트뱅크를 생각하면 상상이 가지 않을 만큼 초라한 시작이기는 했지만.

서양에는 '기업은 다락방에서 시작된다' 라는 말이 있다. 소프트뱅크 역시 마찬가지였는데, 이것은 기업이 꼭 거쳐야 하는 작은 첫걸음이기도 했다. 손정의의 그 첫걸음에는 엄청난 야심이 담겨 있었다.

손정의는 소프트뱅크를 만든 날 아침, 사무실에 귤 상자를 가지고 왔다. 아무것도 없어 횅뎅그렁한 사무실, 직원 두 명을 앞에 두고 귤 상자에 올라가 자신의 꿈을 열심히 이야기했다.

"5년 이내에 매출 규모 100억 엔, 10년 이내에 500억 엔 그리고 언젠가는 수조 엔 규모에 수만 명이 일하는 회사로 만들겠어."

그 후에도 손정의는 매일 똑같은 이야기를 열정적으로 계속했다. 두 직원은 입을 벌리고 멍하니 이야기를 듣기만 했다. 그리고 얼마 지나지 않아 두 사람 모두 회사를 그만뒀다. 손정의를 과대망상에 빠진 정신 나간 사람이라고 생각한 모양이다. 그러나 손정의가 이때 이야기한 꿈은 오늘날 현실이 되었다. 또한 이때 귤 상자 위에 올라가서 한 연설은 대기업을 이끄는 경영자에게 필요한 통솔력을 키우는 데 기초적인 훈련이기도 했다.


## 인생 50년 계획에 야망을 담아라

앞에서 오다 노부나가의 오케하자마 전투에 대한 장기 작전 계획을 소개했는데, 오다 노부나가는 그보다 더 장기적인 작전 계획도 세워놓고 있었다. 그 장기 작전 계획의 목표는 물론 '천하 통일'이다.

오다 노부나가가 천하 통일의 야망을 장기 작전 계획에 담았듯이, 손정의는 '자신이 뛰어든 분야에서 일본 최고가 된다'는 야망을 인생 50년 계획에 담았다.

"계획을 세우고 실행한다면 이 세상에 불가능한 일은 많지 않다."

손정의는 이렇게 단언했다. 사업은 물론이고 인생에서도 승리자가 되고 싶다면 장기 작전 계획을 세워야 한다.

일반적으로 한 가지 분야에서 일인자가 되려면 최소 10년은 필요하다고 한다. '10년 뒤에는 이런 내가 되고 싶다'고 자신이 되고 싶은 모습을 그리고, 그다음에는 지금 당장 그 모습을 실현하기 위한 계획을 세워야 한다.

자신이 목표로 삼는 모습이 되기에는 조건이 다 갖춰지지도 않았는데 어떻게 계획을 세울 수 있느냐고 생각해서는 안 된다. 설령 먼 미래에 일어날 일이라 해도 지금 당장 준비를 시작해야 늦지 않는다.

# 2장

# 손의 제곱 법칙
# 25문자의 비밀

오르고 싶은 산을 결정하면 인생의 반은 결정된다.
자신이 오르고 싶은 산을 정하지 않고 걷는 것은
길을 잃고 헤매는 것과 같다.

# 병상에서 손자의 병법을 만나다

손정의가 '손의 제곱 법칙'을 만든 때는 그가 스물여섯에서 스물일곱 살 때였다. 개인용 컴퓨터의 소프트웨어 패키지 도매업을 하는 일본 소프트뱅크를 창업한 이후 사업이 점차 정상 궤도로 올라섰다. 그런데 그 무렵, 만성 간염에 걸리는 바람에 입원과 퇴원을 반복해야 했다. 병원에서는 오로지 독서로 시간을 보냈다. 비즈니스 서적을 비롯해 역사서, 카네기(Andrew Carnegie, 1835~1919)와 록펠러(John Davison Rockefeller, 1839~1937), 마쓰시타 고노스케(松下幸之助, 1894~1989), 혼다 소이치로(本田宗一郎, 1906~1991)의 성공 스토리 등 수많은 책을 손에 잡히는 대로 독파했다고 한다. 그중에서도 손정의에게 가장 커다란 영향을 준 것이 손자병법과 란체스터 법칙이었다.

《손자병법》이라는 이름으로 많이 알려진 《손자》(전 13편)는 중국 춘추 시대(BC 770~BC 403)에 오(吳)의 왕 합려(闔閭, ?~BC 496)

를 섬겼던 사상가 손무(孫武, BC 544~BC 496)가 썼다고 하는 병법서로, 동서고금의 병법서 가운데 가장 유명한 책이라고 해도 과언이 아니다. 손무의 자손으로 알려진 손빈(孫臏, ?~?)이 저자라는 설도 있었지만, 1972년에 산둥 성 인췌산(銀雀山)에서 병서가 적힌 죽간이 발견됨에 따라 손무가 《손자》의 저자임이 확실시되었다.

일본에는 견당사(遣唐使: 일본 조정에서 당에 파견했던 사절 – 옮긴이)였던 기비노 마사비(吉備真備, 695~775)가 735년에 가지고 들어왔으며, 오에(大江) 가문과 미나모토(源) 가문이 물려받았다. 이후 전국 시대에 모리 모토나리(毛利元就, 1497~1571)가 이쓰쿠시마 전투에서, 다케다 신겐(武田信玄, 1521~1573)이 가와나카지마 전투에서, 도쿠가와 이에야스(德川家康, 1543~1616)가 세키가하라 전투 등에서 활용했다. 그리고 에도 시대 말기에는 요시다 쇼인(吉田松陰, 1830~1859)이 메이린칸(明倫館)이라는 학교에서 손자병법을 가르쳤다.

한편 '란체스터 법칙'은 영국의 항공 공학자였던 프레더릭 W. 란체스터(Frederick W. Lanchester, 1868~1946)가 과거의 전쟁을 분석해 이끌어낸 군사 법칙으로, 경쟁에서 승리하기 위한 과학적 법칙이다. 란체스터는 자동차와 비행기 엔지니어다운 시점과 기법으로 대치하는 병력과 결과의 상관관계를 밝혀냈다. 일본에서는 중소기업의 경영 전략으로 주목받곤 한다.

# 손자병법의 전체 구조

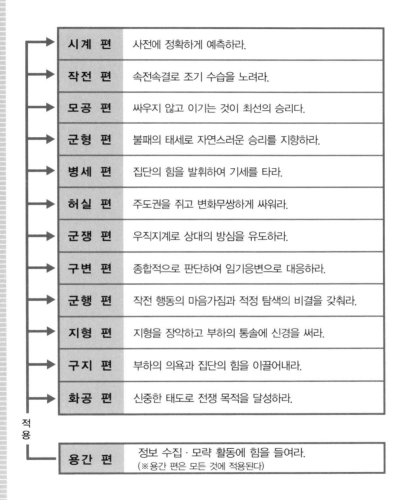

| | |
|---|---|
| **시 계 편** | 사전에 정확하게 예측하라. |
| **작 전 편** | 속전속결로 조기 수습을 노려라. |
| **모 공 편** | 싸우지 않고 이기는 것이 최선의 승리다. |
| **군 형 편** | 불패의 태세로 자연스러운 승리를 지향하라. |
| **병 세 편** | 집단의 힘을 발휘하여 기세를 타라. |
| **허 실 편** | 주도권을 쥐고 변화무쌍하게 싸워라. |
| **군 쟁 편** | 우직지계로 상대의 방심을 유도하라. |
| **구 변 편** | 종합적으로 판단하여 임기응변으로 대응하라. |
| **군 행 편** | 작전 행동의 마음가짐과 적정 탐색의 비결을 갖춰라. |
| **지 형 편** | 지형을 장악하고 부하의 통솔에 신경을 써라. |
| **구 지 편** | 부하의 의욕과 집단의 힘을 이끌어내라. |
| **화 공 편** | 신중한 태도로 전쟁 목적을 달성하라. |

적용

| | |
|---|---|
| **용 간 편** | 정보 수집 · 모략 활동에 힘을 들여라.<br>(※용간 편은 모든 것에 적용된다) |

[출처: 모리야 히로시(守屋洋), 《손자병법孫子の兵法》]

손자병법과 란체스터 법칙에는 손정의 자신이 막연히 생각해온 것이 논리적으로 표현되어 있었다. 특히 《손자》를 읽을 때는 '손무는 나의 조상과 관계가 있지 않을까?'라는 생각에서 친근감을 느꼈고, 점차 '손무가 내 조상임이 틀림없어'라고 믿게 되었다.

사실 《손자》는 기원전에 중국에서 활약한 손무가 남긴, 한자로 가득한 책이다. 읽고 이해하기가 쉬운 일이 아니었을 것이다. 청년 실업가 손정의는 병을 무릅쓰고 그처럼 난해한 문장에 도전했다(소프트뱅크 아카데미아 개교식의 특별 강의에서는 "다른 저자의 해설서를 30권 이상 읽었다"라는 이야기도 했다). 문장에 담긴 의미를 파악하고자 노력을 거듭한 결과 현대 비즈니스에 도움이 될 정수만을 추출할 수 있었다. 이는 오로지 일본 최고, 아니 세계 최고가 되겠다는 야심과 미국의 대학에서 배운 경영학, 그리고 실제 경영을 해본 경험 덕분이었다. 이 세 가지가 없었다면 손의 제곱 법칙을 개발하기는 어려웠을 것이다.

이러한 독서 체험과 사색을 통해 손정의는 비즈니스라는 싸움에서 승리하기 위한 정수, 즉 원리와 원칙을 깨달았다.

'내가 생각했던 대로구나!'

이런 깨달음과 함께 눈앞이 확 트이는 느낌을 받은 것이다. 그리고 마침내 《손자》의 '손'과 자신의 '손'을 곱한 '손의 제곱 법칙'을 만들어내기에 이르렀다.

# 손의 제곱 법칙 구성 요소

## 란체스터 법칙

영국의 항공 공학자였던
F. W. 란체스터가 과거의 전투 결과를 분석해 이끌어낸,
전쟁에 승리하기 위한 과학적 법칙

## 손자병법

중국 춘추 시대에 오의 왕 합려를 섬겼던
사상가 손무가 썼다고 알려진 병법서.
동서고금의 병법서 가운데 가장 유명한 책

## 손정의의 경영 실천 & 철학

## 손의 제곱 법칙

## 최강 비즈니스 법칙, 25문자의 탄생

손정의는 비즈니스 잡지 〈프레지던트〉(1997년 1월호)의 '리더가 좌우명으로 삼는 손자의 명언'이라는 특집 기사에서 손자병법에 관심을 갖게 된 동기와 손의 제곱 법칙을 개발한 경위 등을 이렇게 말했다.

"《손자》는 실천서다. 쓰인 지 2,000여 년이 지난 오늘날에도 참신한 암시가 가득 담겨 있다. 이것은 손자병법이 탁상공론이 아니라 기본적인 사고방식으로서 매우 합리적이고 냉정하게 '전쟁을 하나의 사업으로 파악했기 때문'이라고 생각한다.

나는 고등학교 시절에 미국으로 유학을 간 적도 있기에 비즈니스 관계를 포함해 미국인 친구가 많은데, 뜻밖이라고 생각될지도 모르지만 그들 대부분이 손자를 잘 알고 있었다. 미국에서도 손자를 중국어 발음인 'Sun Tzu'로 읽는데, 영어로 번역된 소개서가 출판되어 있어서 이미 그 책을 읽은 친구가 많았다. 문자 그대로 동서고금을 막론하고 상통하는 병법서, 실천서인 것이다.

나는 한때 손자병법에 관한 책을 닥치는 대로 읽었다. 1981년에 창업한 소프트뱅크의 사업이 정상 궤도에 오르기 시작한 1983년부터 3년 반 동안 만성 간염으로 입원과 퇴원을 반복해야 했던 시기에 그랬다. 이것도 나를 강하게 성장시켜줄 시련이라고 생각하고 손자를 공부했는데, 그때 얻은 결론으로 손자의 '손'과 나의 성을 곱해 '손의 제곱 법칙'이라고 이름 지은 비즈니스 법칙을 만들어냈다.

'일류공수군, 도천지장법, 지신인용엄, 정정략칠투, 풍림화산해.' 이 25문자는 손자가 남긴 말과 나 자신이 창작한 문자를 조합한 것이다. 나는 새로운 사업에 도전할 때마다 이 25문자를 머릿속에 떠올리고 수없이 자문자답을 반복하며 앞으로 나아가야 할 길과 비즈니스의 방향을 결정해왔다."

손정의는 미국 유학 중에 많은 미국인 친구가 《손자》를 읽는 것을 목격했다. 미국식 경영학을 공부하던 손정의에게는 의외의 광경이었으리라. 이러한 복선이 있었기에 병상에서 자연스럽게 그에게 심취하게 된 것이다.

그러면 지금부터 손의 제곱 법칙에 담긴 25문자를 하나하나 해설하도록 하겠다.

손정의는 2010년 7월 28일에 열린 소프트뱅크 아카데미아 개교식에서 '손의 제곱 병법'을 주제로 강의를 했는데, 이때 25문자의 의미를 직접 설명했다. 그 설명을 적절히 인용하면서 각 문자를 살펴보겠다.

# 도천지장법: 큰 뜻을 세우는 통찰

먼저 첫째 단의 도천지장법(道天地將法)은 《손자》 제1편 시계(始計) 편에 나오는 말이다.

### 도(道): 먼저 뜻을 세워라

첫 번째 문자인 도(道)는 손자병법에서 '백성과 통치자의 생각이 하나가 되는 올바른 정치 형태'라는 의미다. 이것이 손의 제곱 법칙에서는 '이념, 뜻'이라는 단순한 표현으로 정의되었다. 손 정의는 도, 즉 이념이나 뜻이야말로 어떤 일을 이루는 데 가장 중요한 요소라고 말했다.

그렇다면 소프트뱅크 그룹의 도는 무엇일까? '정보 혁명으로 사람들을 행복하게 하는 것'이다. 손정의는 기회가 있을 때마다 이를 언급해 그룹사 직원들의 마음에 깊이 인식되도록 하고 있다.

### 천(天): 천시를 얻어라

다음의 천(天)은 손자병법에서나 손의 제곱 법칙에서나 '천시(天時), 타이밍'이라는 의미다.

천부적인 재능, 즉 하늘이 내린 재능을 보유하고 있더라도 그 재능을 발휘할 '때'를 얻지 못하면 아까운 재능이 썩고 만다. 그러므로 타이밍을 얻는 것이 중요하다. 시대를 읽지 못하면 아무리 천재라 해도 단순한 범재로서 평생을 허송세월하게 된다.

손정의는 20만 년의 인류 역사에는 농업 혁명, 공업 혁명, 정보 혁명이라는 세 가지 커다란 혁명이 있었는데 이 가운데 가장 큰 혁명은 정보 혁명이라고 말했다. 그리고 인터넷을 통한 정보 빅뱅이라는 절호의 타이밍에 태어난 우리는 커다란 행운아이며, "이 엄청나게 운 좋은 시기에 태어났다는 천시를 활용해 크게 날갯짓해야 한다"고 열변을 토했다.

## 지(地): 지리를 얻어라

다음의 지(地)는 '지리(地利)', 즉 지리적 우세를 가리킨다. 손자병법에서는 '높은 곳과 낮은 곳, 먼 길과 가까운 길, 험한 곳과 평탄한 곳, 넓은 곳과 좁은 곳, 생지(生地)와 사지(死地) 등의 지형 조건'이라는 뜻이다. 전쟁에서는 적진을 앞두고 어느 곳에 진을 치느냐에 따라 승패가 결정된다. 지리는 그만큼 중요하다.

그리고 당연한 말이지만 비즈니스에서도 사무실이나 가게를 어디에 두느냐는 매우 중요하다(실제로 소프트뱅크는 본거지를 여러 차례 옮겼다).

또 이것은 개인도 마찬가지여서, 어디에 사느냐에 따라 들어오는 정보와 얻을 수 있는 인맥의 질이 크게 달라진다.

아시아의 신흥국이 급성장하고 있는 오늘날, 아시아를 주요 거점으로 삼고 있는 소프트뱅크에는 지리가 있다고 손정의는 단언한다.

"15년 전에는 미국인이 전체 인터넷 인구의 50퍼센트를 차지했고, 아시아인은 19퍼센트에 불과했습니다. (…) 지금까지는 미국인이 세운 회사가 아니면 인터넷 분야에서 1등이 되지 못했습니다. 구글이나 아마존, 야후 US, 이베이 등은 전부 미국 회사였습니다. 요컨대 고객, 즉 사용자의 50퍼센트가 미국인이라면 당연히 영어 웹사이트 및 미국인의 생활 습관에 맞춘 비즈니스 모델이어야 했지요. 다시 말해 그동안에는 미국인에게 지리가 있었습니다."

그러나 앞으로는 다르다. 5년 뒤에는 인터넷 인구에서 아시아인이 차지하는 비율이 50퍼센트가 되고 미국인의 비율은 12퍼센트로 떨어질 것이다. 중국의 인터넷 사용자 수는 이미 미국을 앞질렀다.

"우리는 그야말로 지리를 얻었습니다. 천시를 얻고 지리까지 얻었다면 움직여야지요"라고 손정의는 역설했다.

## 장(將): 우수한 부하를 모아라

네 번째 문자인 장(將)은 문자 그대로 '장수'를 의미한다. 손자병법에서는 재능과 슬기, 성실함, 어질고 의로움, 용감함, 위엄 같은 '장수가 갖춰야 할 능력'을 가리킨다. 그리고 손의 제곱 법칙에서는 자신의 능력을 갈고닦을 뿐만 아니라 그런 능력을 갖춘 우수한 장수(또는 부하 직원, 스태프)를 얻는 일의 중요성도 담겨 있다.

"어떤 싸움이든 우수한 장수를 얻지 못하면 큰 성공을 거둘 수 없습니다. (…) 당신을 뒷받침할 훌륭한 장수를 적어도 열 명은 가져야 합니다. 당신을 위해 팔 하나나 다리 하나쯤은 얼마든지 버릴 수 있는, 때에 따라서는 목숨조차 바칠 수 있을 만큼 뜻을 공유하는 장수를 얼마나 많이 부하로 두느냐가 당신이 대장으로서 산을 움직일 수 있느냐 없느냐를 좌우합니다."

아무리 뛰어난 사람이라도 혼자서는 아무것도 하지 못한다. 큰일을 이루기 위해서는 뜻을 함께하는 협력자가 꼭 필요하다. 지금까지 손정의는 소프트뱅크 그룹의 '대장'으로서 수많은 우수한 '장수'를 모아왔다. 현재 SBI 홀딩스의 CEO인 기타오 요시타카(北尾吉孝)도 그중 한 명이다.

## 법(法): 지속적으로 승리하는 시스템을 만들어라

1단의 마지막 문자인 법(法)은 손자병법에서 '법제(法制)'를 가리킨다. 법제는 '조직 편성, 지휘 신호의 규제, 대장이나 장교의 직무상 책임, 식량 수송로와 군수품의 관리 및 제도 등이 엄격하게 집행되고 있는가?'를 뜻하는 것으로 알려져 있다. 이에 바탕을 두고 손정의는 법을 '시스템, 체제, 규칙 만들기'로 정의했다.

> "주먹구구식으로 우연히 얻은 과실은 오래가지 않습니다. 단순한 근성만으로 얻은 것 역시 오래 지속되지 않습니다. 체제를 갖추고, 시스템을 만들고, 법칙을 만드는 형태로 가지 않으면 커다란 조직을 만들 수 없습니다. 그러면 지속적으로 승리하는 시스템도 만들어지지 않습니다."

손정의의 이 말처럼 소프트뱅크에는 일일결산 등 독자적으로 만들어낸 시스템이 다수 있다.

우연히 얻은 승리에 자만하지 않고 그것을 시스템으로 만들어 승률을 높여나가는 것은 기업뿐만 아니라 모든 개인에게도 성공을 위해 꼭 필요한 자세다.

## 정정략칠투: 비전을 가다듬는 안목

둘째 단은 전부 손정의의 창작이다.

### 정(頂): 비전을 선명하게 그려라

첫 번째 문자인 정(頂)은 '비전을 가진다, 산의 정상에서 바라본 풍경을 상상한다'는 의미다. 당연한 말이지만, 산의 정상에서 보이는 풍경은 산에 올라가야 볼 수 있다. 정상에 올랐을 때 비로소 보이는 풍경이다. 그러나 손정의는 산의 정상에서 보이는 풍경을 '산에 오르기 전에' 상상하는 것이야말로 비전을 가지는 것이라고 말했다.

먼저 자신이 오를 산을 결정한다. 그런 다음 10년 뒤, 20년 뒤, 30년 뒤에 어떤 세상이 될지 끊임없이 생각하면서 비전을 더욱 선명히 만들어간다. 그는 이렇게 말했다.

"그 산, 즉 자신이 올라야 할 산을 결정했다면 당신의 인생은 이미 절반쯤 결정된 것이나 다름없습니다. 절반쯤 승리한 것이나 다름없습니다."

'딱히 이유는 없지만, 이렇게 됐으면 좋겠다'는 생각은 비전이라고 부르지 않는다. '10년 뒤에는 이렇게 된다, 20년 뒤에는 이렇게 된다' 는 식으로 '반드시 달성할 목표'와 '명확한 최종 기한'을 결정하고 그때의 이미지를 확실히 그려야만 비전이라 할 수 있다. 반드시 달성할 목표는 달성하지 못한다 해서 누가 책임을 묻는 것도 아닌, 단순히 노력할 목표가 아니다. 목숨을 걸고 실현해야 할 만큼 심각한 것이다. 손정의는 말했다.

"비전은 갑자기 떠오르지 않습니다. 평소에 생각하고 또 생각하고, 머리가 터지라고 생각해야 겨우 떠오릅니다. 2~3일 정도 생각했더니 번쩍하고 떠오를 만큼 간단한 것이 아니라는 말입니다."

2010년 6월의 정기 주주총회에서 손정의가 발표한 '소프트뱅크 신 30년 비전'도 1년 동안 계속 생각하고 또 생각한 끝에 만들어낸 것이라고 한다.

### 정(情): 정보를 철저히 모아라

다음의 정(情)은 말할 것도 없이 '정보'를 뜻한다. 단순히 비전을 그린 것으로 만족해서는 안 된다. 비전을 그렸다면 그것이 정말 올바른 비전인지 알기 위해 정보를 철저히 수집해야 한다.

손정의는 사업가로서 평생의 업으로 삼을 비즈니스를 찾기 위해 무려 40가지나 되는 비즈니스 모델에 대해 각각 높이 1미터 이상의 자료를 모아서 철저히 조사했다. 그리고 '이거다! 이걸 하자' 라는 생각이 드는 비즈니스 모델을 찾아내 확신을 갖고 사업을 시작했다.

참고로 손자병법에서도 정보 수집을 가장 중요시했다. 정보 수집가, 즉 간자(間者) 또는 스파이를 '나라의 보배' 라고 부르면서 "위정자는 정보 수집가에게 천금을 아끼지 말아야 한다"고 역설했다.

### 략(略): 죽을힘을 다해 전략을 궁리하라

다음은 략(略)이다. 비전을 실현하기 위한 '전략' 이라는 의미다. 전략에서 략은 '생략한다' 는 뜻을 담고 있다. 온갖 정보를 모은 다음 그것을 분석해 쓸모없는 것이나 잡음 또는 곁가지를 철저히 제거하고 가장 굵은 줄기가 되는 부분, 나아가 그 속에 들어 있는 급소를 찾아내는 것이 전략이라는 말이다. 손정의는 이렇게 강조했다.

> "죽을힘을 다해 정보를 모으고 죽을힘을 다해 궁리하며 죽을힘을 다해 선택지를 찾아낸 다음, 그 온갖 선택지 중에서 99.99퍼센트를 제거하고 하나로 압축합니다. (…) 이것도 하고 저것도 하고 전부 다 하는 것은 전략이 아닙니다."

전략을 세운다고 하면 "일단 실행해보자. 생각만 해서는 안 돼"라며 즉시 전술로 넘어가려고 하는 사람이 있다. 그러나 전략 없는 전술(실천)은 결과적으로 커다란 낭비를 낳기 쉽다. 이것은 비즈니스뿐만 아니라 개인에게도 적용되는 이야기다.

## 칠(七): 70퍼센트의 승산이 있는지 파악하라

네 번째 문자인 칠(七)은 손정의가 '매직 넘버'로 삼는 숫자다. 손 자병법에는 "승산이 많으면 이기고 승산이 적으면 진다"는 말이 있다. 승부를 시작할 때는 반드시 승산을 계산해야 한다.

그러나 현실적으로 반드시 승리가 보증된 싸움이란 있을 수 없다. 문제는 확률이다. 손정의는 "50 대 50이라면 승부를 걸지 말아야 한다"고 말한다. 이길 확률과 질 확률이 반반이기 때문이 다. 다만, 그렇다고 해서 승산이 90퍼센트가 될 때까지 무작정 기다린다면 경쟁자에게 추월당하고 말 것이다. 그러므로 '70퍼 센트의 승산'을 확신할 때 승부를 걸어야 한다. 정리하면, 리스 크를 짊어지는 것은 중요하지만 30퍼센트 이상의 리스크는 감수 하지 않는다는 말이다.

손정의는 이를 다음과 같은 독특한 표현으로 알기 쉽게 설명 했다.

"도마뱀의 꼬리는 30퍼센트 정도라면 잘려도 다시 자란다. 그러나 절반이 잘리면 내장까지 잘려서 죽고 만다."

손정의라고 하면 어떤 일이든 리스크를 두려워하지 않고 도전한다는 이미지가 강하다. 그런데 정작 본인은 "사실은 굉장히 조심스러워하는 편입니다"라고 말하니 참으로 흥미로운 일이다.

**투(鬪): 자신의 힘으로 싸워서 일을 이루어라**

이 단의 마지막 문자인 투(鬪)는 '일단 승부를 걸었다면 철저히 싸운다'는 의미다. 손정의는 "아무리 고매한 이론을 말하든, 전략적으로 훌륭한 생각을 갖고 있든 간에 일을 이루려면 스스로 싸워야 한다"고 역설했다.

사람들을 행복하게 한다는 뜻을 세우고, 이를 위한 비전을 그리며, 그것을 말하는 것은 누구라도 할 수 있다. 그러나 아무리 훌륭한 비전을 그렸더라도, 아무리 좋은 정보를 모았더라도, 아무리 훌륭한 전략을 세웠더라도 스스로 목숨을 걸고 싸우지 않는 한 그 비전을 실현할 수 없다. 말만 앞세우는 평론가가 무언가를 이루기는 불가능한 법이다.

# 일류공수군: 이기기 위한 전략

셋째 단도 손정의의 창작으로, 이 다섯 문자는 '싸우기 위한 전략 편'이다.

### 일(一): 철저히 1등에 집착하라

첫 번째 문자인 일(一)은 문자 그대로 '1등'이라는 의미다. 손정의는 "2등은 패배라고 생각하라"라는 강렬한 표현으로 1등에 강하게 집착할 것을 요구한다. 2등이면 충분하다, 또는 3등이나 4등만 해도 만족한다면 뜻을 높게 품고 큰일을 이루려는 기개가 생기지 않기 때문이다. 게다가 1등이 되면 여유가 생겨서 더욱 책임감을 갖고 사업을 펼칠 수 있다.

　손정의는 1등이 되지 못할 일에는 처음부터 손을 대지 않는다고 말한다.

"애초에 압도적인 1등이 될 자신이 있는 분야, 그런 전략이 보이는 분야에만 손을 댄다. (…) 그 대신 할 수 있다, 틀림없이 가능하다고 생각하는 분야에서는 반드시 1등이 되겠다고 결심한다. 그리고 결심을 했으면 1등이 될 때까지 앞만 보고 달린다. 이기는 습관을 들인다. 승리에 집착하고, 압도적인 1등에 집착한다."

## 류(流): 시대의 흐름을 타라. 시대의 흐름을 거스르지 마라

다음 문자인 류(流)는 '시류' 라는 의미다. 여기에는 '시대의 흐름을 탄다' 는 의미와 '시대의 흐름을 거스르지 않는다' 는 의미가 담겨 있다. 큰 뜻을 품고 어떤 일을 이루겠다는 야심을 품었다면 남들보다 먼저 시대의 흐름을 타고 미래를 내다보며 발 빠르게 행동해야 한다. 이것이 성공의 첫걸음이다.

그렇다면 지금 자신이 있는 장소나 조직 등이 시대의 흐름에 맞지 않는 곳일 때는 어떻게 해야 할까? 예를 들면 아버지의 회사를 물려받아야 하는데, 회사가 영위하는 사업이 사양 산업에 속하는 경우 등이다. 손정의는 그럴 땐 일찌감치 업태를 전환해야 한다고 말한다. 시대의 흐름에 맞지 않는 부분이 있으면 흐름에 맞는 쪽으로 재빨리 바꾼다. 이것이 '시대의 흐름을 거스르지 않는' 것이다.

시류를 올바르게 이해하려면 선견지명과 깊은 통찰력 또는 식견이 필요하다. 소위 '관(觀)의 눈과 견(見)의 눈' 을 가지고 먼 곳을 내다보며 가까운 곳을 유심히 관찰하는 것이 중요하다.

## 공(攻): 온갖 공격력을 단련하라

이제 다음의 공(攻)이라는 문자로 넘어가자. 이것은 문자 그대로 '공격력' 을 의미한다.

비즈니스에서 공격력에는 고객으로부터 계약을 따내는 영업력, 협상을 성공으로 이끄는 설득력, 다음 세대의 기술을 꿰뚫어보는 통찰력 등 여러 가지가 있다. 손정의는 특히 리더라면 누구에게도 지지 않는 공격력을 가져야 수많은 스태프와 부하 직원을 이끌 수 있다고 말했다. 또한 '영업은 자신 있지만 기술에는 약한' 식이어도 안 되며, 온갖 공격력을 다 갖춰야 한다고 강조했다.

### 수(守): 온갖 리스크에 대비하라

네 번째 문자인 수(守)는 '수비력' 이라는 의미다. 오로지 공격만 하며 저돌적으로 나아가기만 하면 생각지도 못한 곳에서 함정에 빠질 위험이 있다. 이는 인생도 사업도 마찬가지인데, 가장 큰 함정은 자금 부족 또는 자금 고갈이다. 자금이 없으면 행동은 물론이고 생활도 할 수 없게 된다. 사업의 경우는 도산 위기에 몰린다.

이런 의미에서 가장 중요한 수비는 현금흐름의 확보다.

### 군(群): 단일 브랜드, 단일 비즈니스로 승부하지 마라

이 단의 마지막 문자인 군(群)은 '단독이 아닌 집단' 이라는 의미다. 인생이든 사업이든 어떤 일에 집중하는 것은 중요하다. 그렇지만 중심이 되는 일이나 사업 한 가지에만 집중하다 그것이 삐끗하면 단번에 파산할 위험이 있다. 이런 위험을 피하려면 중심이 되는 것 주변에 복수의 일이나 관련 사업을 배치할 필요가 있다. 마치 구명 튜브처럼 말이다. 그러면 어느 하나가 망하더라도 다른 것들이 메워준다. 이것이 '집단 전략'이다. 또 여기에는 우수한 인물이나 회사와 동지적 결합을 함으로써 군단을 만들어 위험을 회피한다, 즉 리스크를 헤지한다는 의미도 있다.

이와 관련해 손정의는 이렇게 말했다.

"30년 만에 정점을 찍고 하락해도 상관없다면 단일 브랜드, 단일 비즈니스 모델이 가장 효율적이다. 그러나 자신의 사업이 그렇게 되기를 바라는 사람은 아마도 없을 것이다. 기세가 영원할 것 같던 마이크로소프트조차도 성장이 둔화되고 있다. 인텔조차도 앞으로 50년 뒤, 100년 뒤까지 살아남을지 알 수 없다. 이것이 단일 브랜드, 단일 비즈니스 모델의 위험성이다."

참고로 소프트뱅크 그룹은 30년 이내에 5,000개사 규모의 동지적 결합을 만든다는 목표를 세우고 있다.

## 지신인용엄: 진정한 리더의 소양

넷째 단의 지신인용엄(智信仁勇嚴)은 도천지장법과 마찬가지로

《손자》제1편 시계 편에서 뽑아낸 것이다. 이 다섯 문자는 모두 '진정한 리더가 되기 위해 갖춰야 할 소양'을 나타낸다.

### 지(智): 지적 능력을 골고루 높은 수준으로 갈고닦아라

첫 번째 문자인 지(智)는 지혜라는 의미다. 다만 단순히 '지혜'라고 하기에는 그 속이 무척 깊다. '영지(英智)'로 바꿔도 무방할 것이다. 이것은 단순한 지식이나 기술과는 다르다. 구체적으로는 깊이 생각하는 힘, 재정적인 측면의 분석 능력, 기술에 대한 전문적 지식, 프레젠테이션을 하는 능력, 국제적 협상력 등 온갖 지적 능력을 균형 있게 겸비하는 것이다.

균형 있게 겸비한다 하더라도 낮은 수준에서 균형이 잡혀서는 의미가 없다. 손정의의 말을 빌리면, "무엇을 하든 그 분야의 전문가와 가장 높은 수준의 격론을 벌일 수 있는 능력을 갖춰야만 한다"고 할 수 있다.

그런 영역까지 도달하기란 결코 쉬운 일이 아니다. 손정의는 그런 만큼 "열심히 공부해야 한다"고 주문한다.

### 신(信): 신뢰할 만한 인물이 된다

신(信)은 '신뢰, 신의, 신념, 신용'이라는 의미다. 공자가 남긴 말 중에 '민무신불립(民無信不立)'이 있다. '사회는 인간과 인간의 신

뢰 관계가 없으면 성립하지 않는다'는 의미다. 아무리 집단 전략
이 중요하다고 해도 신뢰, 신의가 없으면 동지적 결합은 성립할
수 없다. 설령 파트너십을 맺는다 해도 신의가 두텁고 강한 신념
을 가진 사람이 아니면 파트너로 존중받지 못한다.

### 인(仁): 사람들의 행복을 위해서 일하라

다음 문자인 인(仁)은 '인애(仁愛)'라는 의미다. 주변의 사람들을
사랑하는 마음을 가져야 함은 물론이고, 좀 더 넓게 '사람들의
행복을 위해, 사람들에 대한 인애를 위해'라는 뜻을 품고 일하는
것이 중요하다.

즉, 이 문자에는 일은 단순히 사리사욕이나 야망을 달성하기
위해서 하는 것이 아니라는 의미가 담겨 있다. 그것은 '공사를
구별'하는 것이기도 하며, '국가와 국민, 나아가서는 인류의 행
복을 위한다'는 뜻이다. 다시 말해 공(公)을 위해 최선을 다하는
것을 의미한다. 손정의는 정보 혁명에 참여해 사람들을 행복하
게 하기 위해 일하고 있다.

### 용(勇): 싸우는 용기와 퇴각하는 용기를 함께 가져라

다음 문자인 용(勇)은 새삼 말할 필요도 없이 '용기'라는 의미다.
용기라고 하면 용감무쌍하게 싸운다는 뜻의 용기가 제일 먼저

떠오를 것이다. 무엇인가에 맞서 전진하는 용기다. 그러나 손정의는 그와는 정반대의 퇴각하는 용기도 함께 이야기했다. '우리에게는 전진뿐이다!'가 아니라 위험한 상황이나 사태로부터 '꽁지가 빠지게 도망가는 용기'도 필요하다는 얘기다.

창피의 문화, 그러니까 주변 사람의 시선을 의식하는 분위기 속에서 살아온 민족은 예로부터 퇴각에 서투르다. 무조건 전진하는 것을 중시한다. 싸움에 져서 후퇴할 때조차 패배를 인정하지 않고, 퇴각이 아니라 더 잘 싸울 자리를 찾는 것이라고 우긴다. 그러다가 결국은 재기의 기회까지 모두 잃고 완패하고 만다.

손정의는 "퇴각에는 10배의 용기가 필요하다"고 말했다. 그토록 어려운 일이니만큼 가정이 무너지지 않도록, 회사가 쓰러지지 않도록, 나라가 망하지 않도록 위기에 몰렸을 때 퇴각하는 용기를 발휘해야 한다고 역설했다.


**엄(嚴): 사랑하는 부하에게도 때로는 엄격해져라**

이 단의 마지막 문자인 엄(嚴)은 자신에게도, 사랑하는 부하에게도 '엄해야 할 때는 엄하게 대한다'는 의미다.

읍참마속(泣斬馬謖: 울며 마속을 벤다)이라는 고사성어가 있듯이, 육친이나 측근에게도 엄한 처분을 내려야 하는 때가 있다. 그럴 때 정에 이끌려 솜방망이 처분을 하면 기강이 해이해지기 마련이다. 그러면 중요한 순간이 왔을 때, 아무도 리더의 명령을 듣지 않게 된다. 명령을 우습게 아는 것이다. 부하 직원이 상사를 우습게 본다면 지휘를 할 수가 없다. 감독도 불가능하다. 그러므로 리더는 때때로 엄한 모습을 보여야 질서를 지킬 수 있다. 안 그러면 가족도 조직도 유지되지 못한다. 무슨 일이든 강약 조절이 중요하다는 말이다.

## 풍림화산해: 승리를 얻는 전술

손정의의 설명에 따르면 마지막 다섯째 단의 풍림화산해(風林火山海) 가운데 '풍림화산'은 전술, 즉 싸움을 하는 방법을 나타낸 것이다. 《손자》에 나오는 말 중에서도 가장 유명하므로 많은 설명은 필요 없을 것이다.

### 풍(風): 움직일 때는 바람처럼 빠르게

첫 번째 문자인 풍(風)의 원문은 '빠르기는 바람과 같이(其疾如風)'다. '군대가 진격할 때는 질풍처럼 신속해야 한다'는 의미로, 속도전의 중요성을 강조한 것이다. '시간은 금이다'라는 말이 있듯이, 비즈니스에서도 재빠른 행동은 매우 중요하다.

### 림(林): 중요한 협상은 비밀리에 진행하라

두 번째 문자인 림(林)의 원문은 '고요하기는 숲과 같이(其徐如林)'다. '군대가 대기하고 있을 때는 숲처럼 조용하게'라는 뜻이다. 이것을 손정의는 '물밑에서 중요한 협상을 진행할 때는 숲처럼 조용하게 극비리에 진행해야 한다'는 의미로 사용했다.

소프트뱅크 아카데미아 개교식의 특별 강의에서 손정의는 아이폰의 일본 국내 판매권을 획득하기 위해 약 6년 전부터 극비리에 협상을 진행했다고 말했다. 또 2004년에 프로야구단인 다이에 호크스를 매수할 때도 이 '림' 전략을 구사해 성공했다.

### 화(火): 공격할 때는 불처럼 맹렬하게

세 번째 문자인 화(火)는 '침략할 때는 불과 같이(侵掠如火)'가 원문으로, '군대가 공격할 때는 불처럼 맹렬하게'라는 의미다. 대군이 맹렬하게 공격하는 모습을 벌판에서 불이 활활 타오르며 퍼져나가는 모습에 비유했다. 이것은 공격할 때는 단숨에 쳐들어가지 않으면 승기를 거둘 수 없다는 가르침이기도 하다. 머뭇거리면 적에게 당하고 만다.

### 산(山): 위기에 빠져도 흔들리지 마라

네 번째 문자인 산(山)의 원문은 '움직이지 않기를 산과 같이(不動

如山'다. '군대가 움직이지 않을 때는 산처럼 가만히 있어야 한다'는 뜻인데, 손의 제곱 법칙에서는 무엇을 의미할까?

소프트뱅크 아카데미아 개교식의 특별 강의에서는 언급이 없었지만, '흔들려서는 안 되는 것, 바꿔서는 안 되는 것은 싸움 중에 무슨 일이 일어나도 결코 바꾸지 않는다'는 의미일 것이다. 소프트뱅크에서 바꿔서는 안 되는 것이란 바로 '정보 혁명으로 사람들을 행복하게 한다'라는 이념이다. 또 이 문자에는 위기나 슬럼프에 빠졌을 때 초조해 하지 말고 문제에 냉정하게 대처하라는 뜻도 담겨 있음이 틀림없다.

### 해(海): 싸움에서 이겼다면 상대를 포용하라

마지막 문자인 해(海)는 손정의의 창작이다. '풍림화산'의 싸움이 끝나면 전장은 불타서 황폐해지고 들판에는 시체가 쌓이게 된다. 그런데 이를 그대로 내버려두면 그곳에서 다시 새로운 싸움이 시작된다. 승자가 넓고, 깊고, 고요한 바다처럼 모든 것을 집어삼켜 천하를 평정할 때 비로소 싸움이 끝난다. 이것이 손정의의 생각이다.

"사실《손자》에는 이 '해'라는 자가 없고 '벼락처럼'이라든가 '어둠처럼' 같은 다른 표현들이 있습니다. 하지만 저는 이 '해'야말로 싸움에 종지부를 찍는다는, 진정으로 싸움에 승리한다는 의미에서 가장 적합한 문자라고 생각해 제 마음대로 버전업했습니다. 어차피 손무는 이제 이 세상에 없으니 이렇게 한다고 해서 혼이 날 일은 없겠지요."

## 25문자에 담긴 철학

손정의가 손의 제곱 법칙을 가로 5문자의 배열로 만든 것은 손자병법의 5조(제1편 시계 편에 나오는 도천지장법)에서 유래했으리라고 보면 이해가 된다. 그런데 어째서 세로 5단이 되었을까? 가로세로를 똑같이 5문자로 만들면 정사각형이라는 아름다운 모양이 된다는 것 이외에 무엇인가 다른 이유가 있지 않을까?

그 이유가 무엇일지 곰곰이 생각하던 내 머릿속에 손정의가 존경하는 역사적 인물들이 떠올랐다. 어린 시절부터 이 25문자의 문자판을 만든 시기까지 손정의는 니노미야 다카노리를 비롯하여 오다 노부나가, 사카모토 료마, 시부사와 에이이치(渋沢栄一, 1840~1931)를 존경했다는 사실에 생각이 미쳤다.

사실 이 25문자에는 손무까지 포함해 이들 다섯 명의 사상과 철학, 행동 지침이 담겨 있다. 동경하는 다섯 위인과 자신의 생각으로 구성되어 있다는 말이다.

## 도천지장법

먼저 도천지장법부터 살펴보자.

'도'는 이념, 뜻을 의미한다는 점에서 천하포무를 지향한 오다 노부나가와 개국을 꿈꿨던 사카모토 료마를 떠오르게 한다.

'천'은 천시, 타이밍을 나타낸다는 점에서 역시 오다 노부나가와 사카모토 료마의 모습을 떠올리게 한다. 오다 노부나가는 앞서 얘기했다시피 기습 공격으로 오케하자마 전투를 승리로 이끌었다. 그리고 사카모토 료마는 선중팔책(船中八策: 사카모토 료마가 초안을 잡은 신국가 체제의 기본 방침-옮긴이)에 다이세이 봉환(大政奉還: 1867년에 도쿠가와 막부의 15대 쇼군 도쿠가와 요시노부가 통치권을 메이지 덴노에게 반납한 사건. 이를 계기로 도쿠가와 막부가 무너지고 메이지 정부가 수립되었다-옮긴이)을 포함시킨 인물이다.

'지'는 지리, 즉 지리적 우세를 의미한다. 이 문자는 시부사와 에이이치를 떠올리게 한다. 그는 새로운 수도 도쿄를 거점으로 일본 자본주의의 기초를 쌓았다.

'장'은 우수한 장수 또는 스태프를 뜻한다. 오다 노부나가와 시부사와 에이이치를 상기시킨다. 오다 노부나가는 오래전부터 가문을 섬긴 가신단과 도요토미 히데요시(豊臣秀吉, 1537~1598) 같은 실력 있는 인재를 발탁해 군단을 편성했다. 그리고 시부사와 에이이치는 일본 최초의 주식회사를 만들고 인재를 모았다.

'법'은 시스템 또는 규칙 만들기, 지속적으로 승리하는 시스템을 만드는 것이다. 이것도 대군단을 편성한 오다 노부나가, 주식회사를 조직하고 자본주의 경제 체제를 만들어낸 시부사와 에이이치가 그 모델이다. 손정의는 "나는 일본 자본주의의 기초를 쌓은 시부사와 에이이치를 존경한다"라고 명쾌하게 발언한 바 있다.

## 정정략칠투

다음은 정정략칠투다.

'정(頂)'은 비전을 그리는 것이다. 오다 노부나가의 천하포무, 사카모토 료마의 개국 유신, 시부사와 에이이치의 일본의 근대화라는 비전이 여기에 해당한다.

'정(情)'은 정보 수집이다. 오다 노부나가는 천투를 할 때 닌자 부대를 사용했다.

'략'은 전략을 의미한다. 이 또한 오다 노부나가를 연상시킨다. 앞서 얘기한 오케하자마 전투를 떠올리면 금방 이해가 될 것이다.

'칠'은 승부의 최적 타이밍은 70퍼센트의 승산이 보일 때라는 뜻이다. 오다 노부나가와 사카모토 료마, 시부사와 에이이치는 승산이 있음을 깨달으면 여기에 이끌리듯이 과감한 행동에 나섰다. 오다 노부나가는 교토를 노리던 이마가와 요시모토의 앞길을 막는 오케하자마 전투를 벌였다. 그리고 사카모토 료마는 두 차례나 탈번(脫藩: 에도 시대에 무사가 자신이 속한 번을 이탈하는 것. 탈번은 번주를 배신한 것으로 간주되어 중벌에 처해졌다―옮긴이)했으며, 시부사와 에이이치는 메이지 정부의 요청으로 몸담고 있던 대장성에서 나와 실업가로 살기로 마음먹고 제일국립은행을 설립하는 등 각자 대전환을 꾀했다.

'투'는 목숨을 걸고 싸울 때 비로소 일을 이룰 수 있다는 뜻이다. 오다 노부나가와 사카모토 료마의 삶이 이를 잘 보여준다.


## 일류공수군

이제 일류공수군으로 넘어가자.

'일'은 1등에 대한 강한 집착이다. 천하포무, 천하를 무력으로 통일해 천하 제일이 되겠다는 계획은 1등이 되고자 하는 강한 야망 없이는 이룰 수 없다. 오다 노부나가는 바로 그런 야망을 가진 전국 시대 무장이었다.

'류'는 시대의 흐름을 파악하고 앞을 내다보며 행동하고 기다린다는 의미다. 오다 노부나가와 사카모토 료마, 시부사와 에이이치는 모두 그런 인물이었다.

'공'은 공격력이다. 오다 노부나가는 다케다 가쓰요리(武田勝頼,

1546~1582)의 군대와 맞선 나가시노 전투에서 목책과 철포로 함정을 설치했다. 정예 사격수 3,000명을 3단으로 배치하고 그 앞에 적군 기마대를 저지할 마방책(馬防柵)을 설치하는 참신한 전법으로 다케다군을 괴멸시켰다.

'수'는 수비력이다. 시부사와 에이이치는 영국에서 본 잉글랜드은행을 모델로 제일국립은행을 설립한 것을 비롯해 수많은 은행의 설립과 육성에 힘씀으로써 일본의 자금력을 키웠다.

'군'은 전략적인 시너지 그룹을 형성한다는 의미다. 시부사와 에이이치는 500개의 주식회사를 설립하고 자신을 '만물상'으로 칭했다. 그리고 현재 손정의는 "소프트뱅크 그룹은 30년 이내에 5,000개사의 동지적 결합 군단을 만든다"라며 시부사와 에이이치의 10배를 목표로 내걸었다.

## 지신인용엄

다음은 넷째 단인 지신인용엄이다.

'지'는 사고력, 프레젠테이션 능력, 깊게 생각하는 힘, 이해력, 전문적인 지식, 협상력 등을 균형 있게 갖추는 것이라는 상당히 속이 깊은 의미다. 니노미야 다카노리는 길을 걸으면서 《대학大學》을 읽던 어린 시절부터 근면과 노력의 화신이었으며, 독특한 정치력을 지닌 농정가로 알려져 있다. 손정의는 어렸을 때부터 그를 존경했다.

　'신'은 신의가 두텁고 신뢰할 만한 인물이 아니면 파트너로서 존중받지 못한다는 의미다. 시부사와 에이이치는 에도 막부 말기에 제15대 쇼군인 도쿠가와 요시노부(德川慶喜, 1837~1913)의 동생인 아키타케(德川昭武, 1853~1910)의 동행인으로 프랑스 만국 박람회에 갔다. 귀국 후 시부사와 에이이치는 프랑스 체류 중의 금전 출납 상황과 짐 등을 정리, 처리하고 남은 돈을 반납하기 위해 요시노부를 방문해 보고했다. 프랑스 체류 중의 금전 출납 상황을 제대로 보고한 사람은 그가 유일했다. 그런 까닭에 시부사와 에이이치는 도쿠가와 요시노부를 비롯해 주위 사람들에게 큰 신뢰를 얻었다. 또 그는 니노미야 다카노리를 직접 만난 적은 없지만 제자로부터 이야기를 듣고 간접적으로 영향을 받았다. 공자의 《논어》를 강의하며 사람의 길을 가르치기도 한 그는 경제인이 지향해야 할 모습에 대해 '경제와 도덕의 합일'을 주장했다.

　'인'은 리더 자신이 깊은 인애를 가지는 것을 의미한다. 시부사와 에이이치는 나병에 걸린 여성의 몸을 씻겨주는 어머니를 보고 자라며 영향을 받았다. 훗날 도쿄 양육원의 원장을 지냈으며, 일흔 살이 되자 모든 자리에서 물러난 뒤에도 양육원 원장만큼은 그만두지 않고 어린이 수천 명을 훌륭히 키우고 취직까지

도왔다. 손정의는 그런 따뜻한 마음씨를 지닌 시부사와 에이이치를 존경했다.

'용'은 싸우는 용기, 결심하는 용기, 퇴각하는 용기로 '특히 퇴각할 때는 공격할 때의 10배나 되는 용기가 필요하다'는 의미다. 오다 노부나가는 퇴각의 달인이었다. 호쿠리쿠 지방을 공격했을 때, 우에스기 겐신(上杉謙信, 1530~1578)과 싸우는 것이 어리석은 행동임을 깨닫고 "본래의 목적은 교토 확보에 있다"라며 퇴각을 단행했다. 이 불명예스러운 퇴각이 없었다면 오다 노부나가는 천하를 차지하지 못했을 것이다.

'엄'은 진정한 리더는 때때로 엄격해져야 한다는 의미다. 오다 노부나가가 바로 그런 인물이었다.

### 풍림화산해

마지막 다섯째 단은 풍림화산해다. 풍림화산은 전투의 천재로 불린 다케다 신겐과 오다 노부나가를 상징하며, 마지막 문자인 '해'는 손정의의 싸움이 완결되었을 때 도달한 심경을 나타낸다.

# 3장

# 일류공수군
## 一流攻守群
### 반드시 1등이 돼라

다음 시대를 먼저 읽고
시대가 쫓아오기를 기다려라.

지금부터는 각 단을 하나하나 살펴보겠다. 손정의가 인생 50년 계획을 실행하는 가운데 손의 제곱 법칙을 어떻게 활용했는지 그 실천과 응용 방법을 보자.

다만 이 법칙의 설명 순서에 관해 미리 말해둘 것이 있다. 원래대로라면 최신 버전의 문자열인 '도천지장법 → 정정략칠투 → 일류공수군 → 지신인용엄 → 풍림화산해'의 순서에 따라 진행해야 할 것이다. 그렇지만 이 책에서는 손정의가 처음에 만들어 오랫동안 자신의 경영 지침으로 삼아왔던 '일류공수군 → 도천지장법 → 지신인용엄 → 정정략칠투 → 풍림화산해'의 순서로 설명하고자 한다.

최신 버전이 '이념, 비전, 전략, 장수의 마음가짐, 전술'이라는 형태로 매우 논리적이고 체계적으로 재배열되어 있어 더욱 아름답고 훌륭해진 것은 사실이다. 그러나 이 순서대로 진행하면 손정의가 창업부터 지금까지 걸어온 악전고투의 여정이 뒤죽박죽되어 이해하기 어렵다는 문제점이 있다. 그에 비해 '일류공수군 → 도천지장법 → 지신인용엄 → 정정략칠투 → 풍림화산해'의 순서로 진행하면 손정의의 발자취와 시간 축이 일치하기 때문에 이해하기가 쉽다. 그러니 이 순서로 하면 손의 제곱 법칙도 머릿속에 무리 없이 스며들 것이다.

## 1등이 아니면 시작하지 마라

먼저 일류공수군의 첫 번째 문자인 일(一)에 대해 살펴보자. 이는 '1등에 대한 강한 집착. 무엇이든 시작한 이상은 반드시 1등이 된다. 2등은 패배와 같다'는 의미를 담고 있다. 손정의는 이것을 어떻게 실천해왔을까?

미국 유학을 마치고 귀국한 손정의는 후쿠오카 시 미나미 구에 개인 사무실을 마련하고 일본에서 어떤 장사를 할지 골똘히 궁리했다. '내가 평생을 걸고 할 일은 무엇인가?'를 먼저 결정해야 한다고 생각한 것이다. 손정의는 이 사무실을 기지로 삼고 여러 사람을 만나며 시장 조사에 몰두했다. 수많은 책을 읽고 각종 서류도 살펴봤다. 그러나 개인 자격으로는 시장 조사를 하기에 어려움이 많았다. 관련 업계의 상황을 조사하려면 명함이 필요하다는 사실도 알았다. 예나 지금이나 명함과 직함이 없으면 상대에게 신용을 얻기가 어렵다. 그래서 손정의는 1981년 3월에 후쿠오카 시 하카타 구로 사무실을 옮긴 뒤 기획 회사를 설립하고 명함도 만들었다. 회사 이름은 미국에서 설립한 회사와 같은 '주식회사 유니손 월드'였다.

그러나 이때는 세상에 이름을 알리는 수준에는 이르지 못했다. 어떤 비즈니스를 할지 구체적으로 결정하기 위한 준비 시간이 조금 더 필요했다. 손정의는 지금까지의 습관을 바탕으로, 또는 우연에 기대어 자신의 인생을 결정하고 싶지 않았다. 자신이 이해하고 수긍하며 결정한 길을 걷고 싶었다. 수긍할 수 있는 사업 계획이 생기면 당장에라도 착수할 생각이었다.

"일단 시작한 이상은 반드시 그 세계에서 일본 최고가 되고 말겠어. 중요한 건 어떤 전장을 선택하느냐야."

손정의는 마음속으로 자신에게 이렇게 말했다.

일단 선택을 하면 그 전장에서 수십 년을 싸워야 한다. 그러므로 전장을 선택하는 데 1~2년쯤은 걸려도 된다는 각오로 시장 조사에 임했다.

그러나 생각은 그렇더라도 현실은 냉혹하다. 손정의는 매일 아침 "다녀올게"라고 말하고 집을 나와서, 자동차를 몰고 사무실로 향했다. 그러나 벌어들이는 돈은 전혀 없었다. 사업이라고 해도 구체적인 것은 하나도 정해져 있지 않았다. 사무실을 차리기는 했지만 실제로는 실업자나 다름없는 신세였다.

더욱이 큰딸이 막 태어난 시기였기에 어떻게 해서 처자식을 먹여 살려야 할지 불안감이 계속 커졌다. 내가 처음 인터뷰를 했을 때 손정의는 당시를 회상하며 이렇게 말했다.

"출구가 보이지 않는 터널에 들어간 듯한 느낌이었습니다."

하루하루가 괴로움의 연속이었으리라.

그러나 그렇다고 해서 돈을 벌기 위해 무턱대고 아무 사업이나 할 수는 없었다.

"일단 사업을 시작하면 몇 년은 그 일에 매달리게 돼. 만약 성공하지 못한다면 원점에서 다시 시작해야 하는데, 그렇게 되면 오히려 멀리 돌아가는 셈이지."

손정의는 자신에게 이렇게 말하며 수긍할 수 있는 사업을 찾기 위해 조사에 열중했다.

그는 '1등'에 대단히 집착한다. 소프트뱅크 아카데미아 개교식의 특별 강의에서도 다음과 같이 말했다.


"이런 말 하면 자랑 같지만, 저는 초등학교 1학년 때부터 거의 1등만을 경험했습니다. 무엇을 하든 대부분 1등이었죠. 1등이 아니면 기분이 나빴기 때문에 1등이 되려고 노력했습니다. 반드시 1등이 되겠다고 결심하고, 저 자신을 몰아붙였습니다. 도중에 포기하지 않았습니다. 무엇인가를 하기로 마음먹었으면 그 분야에서 반드시 1등이 되었습니다. 모든 분야에서 1등이 되겠다고 결심한 것은 아닙니다. 가령 음악 분야에서 1등이 되겠다고 결심한 적은 한 번도 없습니다. 사실 조금 음치라서…(웃음). 배구에서 1등이 되겠다는 생각도 한 적이 없습니다. 키가 작으니까요. 하지만 제가 할 수 있겠다고, 틀림없이 할 수 있다고 생각한 분야에서는 반드시 1등이 되겠다고 결심했습니다. 그리고 일단 결심을 하면 1등이 될 때까지 노력했습니다."

조금 오래된 사례로는 소프트뱅크가 2006년 3월에 매수한 보다폰 일본 법인(현재 소프트뱅크 모바일)이 있다. 당시 보다폰은 항상 NTT 도코모와 au에 밀려 1등을 한 번도 경험하지 못했다. 손정의는 당시 간부들과 이야기를 나눠보고 눈빛이 탁하다, 자신감이 없다, 무엇을 해도 안 된다는 패배 의식에 빠져 있다 등의 느낌을 받았다. 그래서 그들에게 이렇게 말했다.

"딱 한 달이라도 상관없으니 순수 가입자 수 증가 1위를 반드시 차지합시다."

손정의의 생각은 이것이었다.

'누적 가입자 수로 승부하려면 아무래도 시간이 필요하다. 그렇지만 순수 가입자 수로 한다면 1개월에 승부를 볼 수 있다. 설령 단 1개월이라도 1위를 차지하면 우리도 1등이 될 수 있다는

생각이 든다. 우리도 1등이 될 수 있음을 체험하면 이기는 버릇이 생긴다.'

그 결과는 어떠했을까?

"1위를 했습니다. 일단 순수 가입자 수 증가 1위를 차지하자 그 뒤로는 거의 매달 순수 가입자 수 증가율에서 1등의 자리를 지켰습니다. 몇 달 정도는 예외도 있지만, 대부분 1등을 차지했습니다. 이처럼 1등이 평소의 일이 되면 1등을 하지 않고서는 성이 차지 않습니다. 기분이 나빠집니다. 그런 심리가 되어가는 거죠."

손정의의 1등에 대한 강한 집착을 보여주는 최근의 사례로는 '스마트폰 접속률 넘버 원'이라는 홍보 문구가 있다. 소프트뱅크는 "전국의 스마트폰 패킷 접속률 조사에서 소프트뱅크가 1위를 수성 중"이라고 홍보하고 있다. 2014년 4월 6일 현재(2014년 3월 31일~4월 6일 평균)의 조사 결과에 따르면 소프트뱅크의 패킷 접속률은 98.6퍼센트이며, 경쟁자인 au와 NTT 도코모는 각각 97.4퍼센트와 97.1퍼센트였다고 한다.

손정의는 앞에서 소개한 〈프레지던트〉의 기사에서도 1등에 집착하는 것이 왜 중요한지를 강조했다.

" '일(一)' 은 나의 가장 기본적인 사고방식인 '1등주의' 사상을 표현한 것이다. 비즈니스에서는 1등을 제외하면 전부 패배와 같다. 그래서 나는 1등이 되지 못할 사업에는 애초에 손을 대지 않는다. 질 것이 분명한 싸움은 피하면서 필승의 태세를 갖춘다. 비즈니스 현장에서의 싸움은 마지막 과정이며, 그 싸움이 시작되기 전에 싸움의 90퍼센트를 끝내놓아야 한다. 다시 말해 싸움의 틀을 만드는 단계에서 '이것으로 승리는 확실히 나의 것' 이라고 확신할 수 있도록 준비를 끝내놓아야 한다는 뜻이다."

## 시류를 읽고 일찌감치 선점하라

"1등이 되지 못할 사업에는 애초에 손을 대지 않는다"라고 말하기는 쉬워도, 실제로 그런 사업을 찾아내기란 결코 쉬운 일이 아니다. 게다가 손정의는 영속적으로 계승해나갈 사업을 해야 한다, 시간이 지나면 자연스럽게 필요가 없어지는 일과성 사업이어서는 안 된다고 생각했다. 손정의의 목표는 예나 지금이나 '300년은 안정적으로 성장할 회사를 만드는 것' 이다.

다만 사업을 물려주는 데는 커다란 리스크가 따른다. 손정의는 이를 이어달리기에 비유하여 설명했다. 주자가 달리는 동안은 추월을 하거나 당하는 일은 있어도 바통을 떨어트리거나 넘어지는 등의 치명적인 실수를 저지르는 일은 거의 없다. 그런데 바통을 넘길 때는 선수가 넘어지거나 바통을 떨어트리는 일이 자주 일어난다. 순위를 크게 떨어트릴 위험이 크다는 말이다.

그런 관점에서 손정의는 '물려주는 일이 순조로울 뿐만 아니라 상당히 오랜 세월에 걸쳐 영속적으로 계승될 수 있는 사업'이 무엇일지 고민했다.

이때 두 번째 문자인 류(流), 즉 '시대의 흐름을 탄다. 시대의 흐름을 거스르지 않는다'가 활용되었다.

어떤 기업이든 그랬겠지만, 소프트뱅크도 처음에는 작은 벤처 회사였다. 초거대 기업으로 성장한 토요타나 파나소닉도 마찬가지다. 그렇다면 작은 벤처 회사를 거대한 그룹으로 성장시킨 경영자의 공통점은 무엇일까? 그것은 시류를 읽고 앞으로 크게 성장할 산업을 간파해 일찌감치 행동을 시작했다는 점이다. 그 예를 일부 소개하면 다음과 같다.

- **소매 유통 혁명을 일으킨 인물**
  ① 미쓰이 다카토시(에치고야, 미쓰코시의 전신)
  ② 오카다 다쿠야(이온 그룹, 구 저스코)
  ③ 스즈키 도시후미(세븐일레븐 재팬)

- 가전 혁명을 일으킨 인물

  ① 마쓰시타 고노스케(파나소닉)

  ② 이부카 마사루, 모리타 아키오(소니)

- 자동차 혁명을 일으킨 인물

  ① 도요다 기이치로(토요타 자동차)

  ② 아이카와 요시스케(닛산 자동차)

  ③ 혼다 소이치로(혼다기연공업)

이들은 그때그때 '흐름'을 꿰뚫어보고 일찌감치 행동에 나섬으로써 급성장을 이루었다. 손정의는 〈프레지던트〉의 기사에서 "만약 마쓰시타 고노스케 씨나 혼다 소이치로 씨가 지금 있었다면 그들도 나와 마찬가지로 디지털 정보 산업을 지향했을 것이다"라고 말했다.

소프트뱅크를 창업하던 당시 손정의가 간파한 흐름은 당연히 디지털 정보 혁명이었다.

'모든 산업 중에서 디지털 정보 산업이 가장 성장하고 있다. 지금은 갓 출발하는 시기여서 시장이 작지만, 언젠가는 무한대로 커질 것이다. 자동차 산업이나 식품 산업, 가전 산업을 제치고 디지털 정보 산업이 가장 커질 것이다.'

손정의의 이런 예상은 오늘날 현실이 되었다.

벤처 기업이 성공하려면 '틈새시장' 을 노려야 한다는 것이 일반적인 시각이다. 그러나 손정의는 "틈새를 노리는 것은 내 성격에 맞지 않는다"라고 말한다. 내가 인터뷰했을 때, 손정의는 그 이유를 이렇게 설명했다.

"제가 창업을 했을 때부터 항상 생각하고 또 말해왔던 것인데, 일반적으로 '벤처 비즈니스는 틈새 산업' 이라는 인식이 강하지만 저는 처음부터 틈새를 노릴 생각이 전혀 없었습니다. 틈새 산업에서는 회사가 어느 정도 커질만하면 그 틈새가 메워져버립니다. 쉽게 말해, 돈이 될 것 같다 싶으면 순식간에 경쟁자가 나타나기 때문이지요. 또 틈새는 결국 무엇인가 다른 요소로 메울 수 있습니다. 그래서 틈새는 시기도 한정적이고 범위도 한정적일수밖에 없습니다. 제가 노리는 것은 틈새가 아니라 스트라이크존이며, 그것도 한가운데입니다."

또 소프트뱅크 아카데미아 개교식의 특별 강의에서도 다음과 같이 말했다.

"틈새시장이니까 이곳을 노리면 기회가 있을 것이라는 생각은 단 1초도 한적이 없습니다. 지금은 작지만, 즉 틈새시장으로 보일 만큼 규모가 작지만

5년 뒤, 10년 뒤, 30년 뒤에는 중심이 될 것이라고 생각한 산업, 즉 세분시장을 항상 선택해왔지요. (…) 틈새시장에서 잠시 성공하더라도 그것은 일시적인 성공일 뿐입니다. 그런 뜬구름을 좇는 사람은 사업가라고 할 수 없습니다. 단순히 유행을 좇는 사람, 성급한 사람입니다. 아니면 미래에 중심이 될 곳에서 싸우기가 두려워서, 이길 자신이 없어서 틈새를 선택했다고 생각합니다. 그런 사람은 결국 패배자입니다. 겁쟁이입니다. 그런 사람은 미래에 크게 성공하리라 기대할 수 없습니다."

## 이제껏 없던 사업에 뛰어들다

손정의는 또한 외부 조건의 변화에 휘둘리지 않는 사업을 선택할 필요성도 느끼고 있었다. 손정의의 아버지는 파친코를 운영했는데, 항상 이런 말씀을 하셨다고 한다.

"오늘은 비가 오는 바람에 손님이 없네."

"내일은 날씨가 좋을 테니 장사가 잘되겠지."

어렸을 때부터 이런 말을 들으며 자란 손정의는 다음과 같이 결심했다.

'비가 오느냐 해가 뜨느냐에 따라 울고 웃는 경영은 바람직하지 않아. 나는 날씨 같은 외부 조건에 좌우되는 장사는 하지 않

겠어.'

그런데 손정의가 택한 디지털 정보 산업은 기술 혁신이 매우 빠르게 일어나는 분야다. 다시 말해, 외부 조건의 변화가 급격하다는 의미다. 순식간에 유행했다가 순식간에 열풍이 식어버리기 때문에 폭발적인 히트 상품이 나와도 상품 수명이 매우 짧다. 그래서 손정의는 이 산업 안에서도 정신없이 신상품을 개발해야 하는 분야에는 깊이 관여하지 않겠다고 결심했다.

'복불복의 성격이 강한 제품에 의존하는 사업은 하지 않겠어. 유행을 적게 타는, 인프라를 제공하는 회사를 만들겠어.'

인프라라는 것은 사회 기반 또는 산업 기반으로, 말하자면 토대가 되는 부분이다. 기존 산업 사회의 교통망에 비유하자면 일반도로나 고속도로에 해당한다. 고속도로에서는 도로를 만든 자가 요금소에서 운전자에게 요금을 받는다. 손정의는 생각했다.

'인프라를 제공함으로써 디지털 정보 산업의 요금소가 되자!'

그렇게 하면 수많은 상품이 유행 따라 명멸하더라도 그때그때의 히트 상품은 소프트뱅크가 장악하고 있는 인프라에 의존할 수밖에 없다. 따라서 소프트뱅크 자체는 안정적으로 성장할 수 있다.

이런 생각을 바탕으로 손정의는 1년 반이라는 시간 동안 어떤 사업을 할지 끊임없이 모색했다. 어떤 아이디어가 떠올라 사업 계획을 세울 때마다 '아홉 가지 조건'이라는 필터를 사용해 검토했다. 그 아홉 가지 조건은 다음과 같다.

- 조건 1: 사업을 일단 시작하면 도중에 그만둘 수 없다. 그러므로 계속할 수 있는 사업일 것.
- 조건 2: 당연히 이익이 나는 장사·사업일 것.
- 조건 3: 성장하는 산업 분야일 것. 산업 구조 자체가 불황, 사양길에 접어든 업종이어서는 안 된다.
- 조건 4: 장래에 기업 그룹을 만들 것을 전제로 그 중핵이 될 수 있는 사업일 것.
- 조건 5: 남이 모방할 수 없는 사업일 것.
- 조건 6: 막대한 자본을 투입할 필요가 없는 사업일 것.
- 조건 7: 세상에 도움을 주는 사업, 사회 발전에 공헌할 수 있는 사업일 것.
- 조건 8: 내가 재미있게 몰두할 수 있는 사업일 것.
- 조건 9: 시작한 이상 그 분야에서 반드시 1등 기업이 될 수 있을 것. 1등이 되지 못한다면 손을 대지 않는다.

온갖 사업을 검토한 결과 컴퓨터용 패키지 소프트웨어의 도매업이 남았다. 모든 조건을 만족하는 사업은 이것뿐이었다. 출구가 보이지 않는 터널의 끝에서 드디어 빛을 발견한 것이다.

앞서 언급한 바와 같이 손정의는 시장 조사 기간에 고용했던 아르바이트 직원 두 명을 데리고 사업을 시작했다. 일본 소프트뱅크가 사실상의 창업을 하는 순간이었다. 집기라고는 책상 두 개가 전부인, 현재의 세계적인 기업 소프트뱅크를 생각하면 도저히 상상이 가지 않는 초라한 시작이었다.

손정의는 1981년 9월에 일본 소프트뱅크(자본금 1,000만 엔)를 설립하고 컴퓨터용 패키지 소프트웨어의 도매업을 시작했다. 후쿠오카의 세미나에서 알게 된 사람 중에 도쿄 이치가야의 니혼 TV거리 한구석에 주식회사 경영종합연구소를 설립한 이가 있었다. 손정의가 이 회사와 50퍼센트씩 출자해서 회사를 세운 것이다. 본사는 경영종합연구소의 방 한 칸을 빌려서 책상 두 개를 들여놓아 마련했고, 손정의가 대표이사로 취임했다.

당시 일본에는 개인용 컴퓨터 소프트웨어를 제작하는 회사가 전국적으로 50개 정도 있었다. 그러나 컴퓨터 소프트웨어의 유통 비즈니스, 즉 도매업을 하는 회사는 아직 없었다.

'소프트웨어 개발의 세계는 복불복의 성격이 매우 강하다. 그 분야에 손을 대는 것은 위험하다. 그보다는 사람들이 만들어내는 소프트웨어를 유통하고 그것을 평가하는 인프라를 제공하면 어떨까? 그렇게 하면 영속성 있는 사업이 가능할 것이다. 지는 싸움을 하지 않아도 된다. 개인용 컴퓨터 소프트웨어의 유통, 즉 도매업은 안전하고 확실하며 성장성이 높다. 일본에는 아직 제작 회사와 소매점을 중개하는 본격적인 도매업자가 없다. 이거라면 장래성이 있어.'

손정의는 세상에 자신을 알릴 사업을 발견하고 온몸에 전율을 느꼈을 것이다.

## 경영의 시작과 끝을 좌우하는 자금 조달

소프트뱅크를 설립한 이래 손정의는 '공격적'인 경영을 계속하며 오늘날의 지위를 구축했다. 그런 까닭에 세 번째 문자인 공(攻), 즉 '영업력이나 기술력 같은 공격력'에 관한 내용은 이 책 곳곳에 등장하므로 그때그때 해설하도록 하겠다.

그렇다면 수(守), 즉 '수비력. 여러 가지 리스크에 대한 대응력'은 어떻게 실천해왔을까? 손정의는 사업을 경영하는 사람답게 이 문자에 관해 '리스크 관리'라는 실천적인 정의를 내렸다. 그중에서도 '현금흐름 경영, 즉 자금 융통'이 가장 중요하다고 말했다. 이것은 그가 자금 문제로 얼마나 고생했으며, 자금 융통에 얼마나 심혈을 기울여왔는지 말해준다.

창업에 뜻을 둔 사람에게 가장 큰 고민거리는 자금이다. 무일푼으로는 사업을 시작할 수가 없다. 무슨 장사를 하든 간에 밑천이 필요하다.

비용이라는 것은 사실 사업을 시작하기로 마음먹은 순간부터 들어가기 시작한다. 사업 계획이나 기획을 실현하기 위한 준비 단계에서부터 비용이 발생한다. 이 점을 확실히 염두에 둬야 한다. 가령 모임 하나를 열려고 해도 돈이 있어야 한다. 설령 지인의 호의로 방이나 회의실을 공짜로 빌린다 해도 사람들이 모였을 때 보리차만 대접할 수는 없는 노릇이다. 커피 등 음료를 준비해야 하고, 때에 따라서는 도시락도 제공해야 한다. 자료를 조사하러 갈 때도 교통비가 들어간다.

돈이 없으면 아무것도 할 수가 없다. 사람을 모으거나 움직이려면 반드시 돈이 들어간다. 그러니 자료나 책, 커피에 들어가는 돈도 결코 무시할 수 없다. 지출이 예산을 초과하지 않도록 철저히 계산기를 두드려보는 습관을 들여야 한다.

사업 자금을 조달하는 방법에는 크게 일곱 가지가 있다. 첫째는 자기 자금이고, 둘째는 부모·형제나 친척에게 빌리기, 셋째는 친구나 주변 사람에게 빌리기, 넷째는 토지·건물 같은 부동산을 담보로 은행이나 공적 기관 등에서 융자받기, 다섯째는 부모·형제나 친척한테 투자받기, 여섯째는 친구나 주변 사람에게 투자받기 등이다.

그리고 마지막으로, 증권시장에서 자금을 조달하는 주식회사로 운영하는 방법이 있다. 먼저 신흥 시장에 상장하고, 주식회사로서 실력을 키운 다음 2부 시장에 상장하면 1부 시장 상장의 길이 열린다. 그렇게 되면 전환사채를 발행하거나 제삼자 할당 증자를 할 수 있음은 물론이고 외국에서 자금을 조달할 수도 있다. 이처럼 주식회사는 성장해서 실력이 생기면 자금 조달 수단도 확대된다. 마치 '출세어(出世魚: 성장함에 따라 이름이 바뀌는 물고기 － 옮긴이)'처럼 말이다. 손정의 역시 소프트뱅크를 창업한 뒤 지금까지 걸어온 발자취를 되돌아보면 출세어처럼 성장과 함께 변신을 거듭했음을 알 수 있다.

## 열정을 담보로 1억 엔을 융자받다

손정의가 여느 사업가와 특히 다른 점이 두 가지 있다.

그중 하나는 사업을 하면서 200만 엔이나 300만 엔 정도의 소액 자금을 만드는 데는 만족하지 않았다는 점이다. 손정의는 어떤 국면이나 단계에서도 '억 단위'의 자금을 만드는 데 용감하게 도전했고 또 성공해왔다. 이것이 그가 천재 사업가로 불리는 이

유이기도 하다.

창업 초기부터 그는 "언젠가는 1조, 2조의 비즈니스를 하겠어"라고 두부 장사에 빗대며 익살스럽게 열변을 토했다[일본에서 두부를 세는 단위인 '정(丁)'과 '조(兆)'는 발음이 같다 – 옮긴이]. 사람들이 뒤에서 과대망상이니 허풍이니 하고 쑥덕이는 가운데, 손정의는 조 단위를 취급하는 비즈니스를 지향하며 맹렬한 속도로 사업을 키워왔다. 그리고 마침내 조 단위의 매출을 기록할 정도로 성장했다. 자신과의 약속을 지킨 것이다.

사업을 펼쳐나갈 때 가장 중요한 에너지원인 '자금 조달'이라는 측면에서 손정의의 행보를 되돌아보자. 그러면 각각의 단계에서 자신의 실력을 재면서 그 단계에 가장 적합한 자금 조달 방법을 사용해왔음을 알 수 있다.

1단계인 창업 준비기에는 자기 자금 만들기에 에너지를 쏟아부었다.

손정의는 미국에서 유학 중일 때부터 이미 사업가를 지망하고 있었다. 평범한 학생들은 용돈을 벌기 위해 아르바이트를 하고 있을 때다. 그러나 아르바이트에 전념하면 학생의 본분인 공부에 집중할 수 없다. 그렇다고 해서 부모·형제에게 계속해서 손을 벌릴 수도 없다. 당연한 말이지만 자기 명의의 부동산 같은 것이 있을 리도 없다. 그러므로 어떻게 해서든 자기 힘으로 자금을 조달해야 했다.

그래서 손정의가 생각해낸 방법은 용돈을 벌기 위해서가 아니라 자금을 만들기 위한 발명이었다. 발명을 해서 신제품의 특허를 팔고, 그 특허료를 밑천으로 사업에 착수한다는 생각이었다. 그 노력의 결정체가 바로 '음성 장치가 달린 다국어 번역기'였고, 이것을 샤프에 팔아서 약 1억 엔을 손에 넣었다.

손정의에게 '발명'은 곧 자금을 만드는 수단이었다. 발명을 위한 발명이 아니었다. 손정의의 자금 조달은 이처럼 '억 단위'로 시작되었다.

여담이지만, 손정의가 창업 준비 단계에서 사용한 자금 조달 패턴은 손정의식 비즈니스 사고 방법의 원형을 이루고 있다. 요컨대 '아이디어를 파는' 것이야말로 손정의 비즈니스의 본질이며 본업이라는 말이다. 발명의 아이디어를 짜내는 것은 머릿속에서 할 수 있는 작업이므로 비용 측면에서는 공짜에 가깝다. 한편 시제품을 만드는 단계에서 발생하는 비용은 특허료를 받아서 지급한다는 매우 교묘한 방식으로 해결했다. 다국어 번역기의 시제품 제작에 협력한 버클리 대학교의 교수와 연구자들에게 성공 보수 형태로 대가를 지급하겠다고 약속함으로써 보수 지급을 뒤로 미룬 것이다. 그 결과 손정의는 사실상 자본금 없이 자신의 아이디어를 큰돈으로 바꿀 수 있었다.

손정의는 이때부터 천재적이라고도 할 수 있는 사업 수완을 발휘하기 시작했다. 발명가인 동시에 뛰어난 사업가의 소질을 타고난 것이다.

손정의가 평범한 사업가와 다른 또 한 가지는 자금 조달의 리스크를 교묘히 회피해왔다는 것이다. 이는 벤처형 기업의 사업가가 연구개발에 지나치게 열중하다 종종 빠지는 함정인데도 말이다.

벤처 비즈니스의 경영자는 모험심이 넘쳐흐르는 탓에 "전진 또 전진!"을 외치며 무작정 질주하는 경향이 있다. 그러나 급하게 달리면 발을 헛디뎌 넘어지거나 함정에 빠질 위험이 크다. 그래서 투자의 핸들을 어지간히 능숙하게 조작하지 않으면 순식간에 자아를 잃고 경영 파탄에 빠지기 쉽다. 자칫하면 채권자의 상환 요구를 견디지 못하고 빌딩 옥상이나 다리 위에서 몸을 던질 위험조차 있다.

총명한 벤처형 기업의 사업을 펼쳐가는 과정과 자금 조달의 관계를 분석해보면 일곱 단계로 나눌 수 있다. 1단계는 창업 준비기, 2단계는 창업기, 3단계는 급성장기, 4단계는 성장 전기, 5단계는 성장 후기, 6단계는 발전기, 7단계는 완성기다.

연구개발형 중소기업이나 벤처형 기업은 기업 역량의 중심을 연구개발에 두는데, 이를 위해서는 연구개발 자금 또는 그 후의 성장을 위한 자금이 필요하다.

1단계인 '창업 이전의 연구개발기'에는 대체로 자기 자금을 이용하게 된다. 그에 비해 2단계인 창업기와 3단계인 급성장기부터 4단계인 성장 전기, 5단계인 성장 후기의 위험을 동반한 성장 단계에는 자금의 수요와 공급 간에 격차가 발생하기 쉽다. 리스크가 있을 뿐만 아니라 토지나 건물 등의 물적 담보가 부족한 탓에 은행으로부터 융자를 받지 못하기가 십상이고, 그런 한편으로 기업의 자금 수요는 급속히 증가하기 때문이다. 그래서 벤처 경영자는 이런 격차를 어떻게 메울지 고심한다.

'담보주의'라는 말도 있듯이, 부동산이나 주식 같은 물적 담보가 없으면 은행이나 신용금고 등에서 융자를 받기가 상당히 어렵다. 사업 계획만을 들고 창구를 찾아가서는 아무리 열심히 설명해도 융자를 못 받는 게 보통이다. 최근에는 벤처 기업을 육성하고자 하는 정부와 지방자치단체가 여러 가지 지원금을 준비하고 있지만, 손정의가 일본 소프트뱅크를 창업하던 무렵에는 그런 것이 없었다. 하물며 고지식한 은행이 컴퓨터용 소프트웨어 도매업 같은, 아직 정체도 알 수 없는 사업에 담보도 없이 융자를 결정하겠는가. 그런 일은 불가능에 가까웠다.

그러나 손정의는 이 불가능에 과감히 도전했다. 1982년, 그는 맨몸으로 제일권업은행(현재 미즈호은행) 고지마치 지점을 찾아갔다. 그리고 이 일을 계기로 은행으로부터 융자를 받는 데 달인이 되었다. 당시 일을 조금 더 살펴보자.

창업을 하고 2~3개월이 지났을 무렵의 손정의에게 가장 큰 고민은 자금이었다. 월 매출은 200만 엔 정도로, 큰 기업에서 2,000만 엔 규모의 주문을 따냈지만 소프트웨어를 매입할 자금이 없었다. 그래서 그는 제일권업은행 고지마치 지점을 찾아가 부탁했다.

"예금할 돈은 없지만 1억 엔을 융자받고 싶습니다. 다만 사업을 시작한 지 얼마 안 됐기 때문에 실적도 없고 담보도 없습니다. 신용도 없습니다. 제 방침상 보증인도 세우고 싶지 않습니다. 아무것도 없지만 프라임레이트(최우량 대출 금리)로 1억 엔을 빌려주십시오. 금리가 높으면 갚을 수가 없기 때문에 안 됩니다."

당시 손정의는 스물네 살이었다. 아들뻘 되는 젊은 경영자를 앞에 두고 미키야 마사유키(御器谷正之) 지점장은 웃음을 터트렸다. 그래도 손정의는 계속 말을 이었다.

"제가 가진 것은 한없는 열정이며, 제가 노리는 분야는 세상이 필요로 하는 분야이므로 아마도 수요는 있을 것으로 생각합니다. 하지만 증명은 할 수 없습니다."

이 무렵 미키야 지점장은 개인용 컴퓨터나 소프트뱅크에 관한 지식이 거의 없었다. 그럼에도 손정의가 설명하는 사업 내용은 논리정연해서 매우 이해하기 쉬웠다. 손정의는 한 시간 정도 설명을 했다. 미키야 지점장은 점점 흥미를 느끼기 시작했고, '이 비즈니스는 성공하겠어'라고 직감했다고 한다.

지점장의 권한으로 2,000만 엔 정도는 융자할 수 있었다. 그러나 1억 엔을 융자하려면 본점의 심사를 통과해야 했다. 과거에 오사카 지점에서 일한 적이 있는 미키야 지점장은 손정의가 돌아간 뒤 제일권업은행 오사카 지점과 난바 지점에 전화를 걸었다. 조신전기와 샤프에 손정의와 소프트뱅크에 대해 어떻게 생각하는지 알아봐 달라고 요청하기 위해서였다.

조신전기의 조구 히로미쓰(淨弘博光, 1935~1985) 사장은 난바 지점에 이런 답변을 보냈다.

"소프트뱅크와는 긍정적으로 비즈니스를 계속할 생각입니다."

또 샤프의 사사키 다다시(佐々木正) 전무도 오사카 지점의 융자 담당 차장에게 직접 전화를 걸어 이렇게 전했다.

"손정의 씨라면 잘 알고 있습니다. 아주 괜찮은 사람입니다. 제일권업은행에서 도와주실 수 있다면 꼭 그렇게 해주시기를 부탁드립니다."

소규모 융자 안건을 심사하는 본사의 기업부는 즉시 미키야 지점장과 함께 검토에 들어갔다. 심사 결과, 판단 항목의 점수는 합계 마이너스 15점이었다. 그러나 미키야 지점장이 장래성 항목에 15점을 준 덕분에 총점 0점이 되어 최종적으로 융자가 결정되었다. 그리고 1주일 뒤, 제일권업은행은 일본 소프트뱅크에 당시 최우량 대출 금리로 1억 엔을 융자했다.

융자를 받은 직후, 일본 소프트뱅크는 출판 사업에 뛰어들었다. 제일권업은행으로부터 융자받은 1억 엔의 일부를 투입한 것이다. 이는 일본 소프트뱅크가 급성장하는 도약대가 되었다.

이러한 경험을 바탕으로 손정의는 은행에서 융자받기의 달인으로 성장했다. 그렇다고 해서 은행이 간단히 융자를 결정해준 것은 아니었다. 손정의는 온갖 수단을 동원하고 교묘한 말솜씨로 은행 담당자의 마음을 흔들어 융자를 이끌어내기 위해 숱한 노력을 했다.

## 자금 조달의 핵심 참모를 영입하다

기업이 성장기에 접어들어 은행의 융자를 받을 수 있게 되면 다음 목표는 주식공개(소수의 주주가 보유하던 주식을 일반 투자자에게 공개하는 것-옮긴이)가 된다. 그 무렵 주식시장에는 벤처 기업을 대상으로 특설 시장이 설치되어 있어서, 이곳에 등록하면 시장으로부터 자금을 조달하기가 쉬워졌다. 그러나 좀 더 실력이 붙은 기업은 주식을 먼저 점두공개[점두매매유가증권시장(JASDAQ의 전신)에 등록하는 것-옮긴이]하기 위해 노력한다. 주식을 점두공개하면 기업은 회사의 지명도와 사회적 신용이 높아진다, 자금 조달이 가능해진다, 영업 활동이 쉬워진다 등의 커다란 이점을 누릴 수가 있다. 기업이 사회의 중요한 일원으로 인정받는 최적의 수단이라 할 수 있다.

손정의도 1994년 7월에 소프트뱅크의 주식을 점두공개했다. 시초가는 공모가격 1만 1,000엔보다 높은 1만 8,900엔에 형성되었다. 이에 따라 자사주의 약 70퍼센트를 보유한 손정의는 평가액이 2,000억 엔 상당을 기록하게 되었다. 그리고 이 주식 점두공개를 계기로 언론은 손정의를 '일본의 빌 게이츠'라고 부르며 주목하기 시작했다.

또한 손정의는 기업 매수를 진행하는 한편, 사채 발행이나 공모의 형태로도 시장으로부터 자금을 끌어들였다. 이처럼 증권시장을 최대한 활용하여 자금을 조달하기 시작했는데, 그 일을 담당한 사람이 기타오 요시타카(현재 SBI 홀딩스 CEO)다. 손정의의 참모라고도 할 수 있는 인물이다.

손정의는 점두공개를 실현하자마자 지프 데이비스사의 출판 부문을 매수한다는 전략을 세웠다. 그리고 그 직후 기타오 요시타카에게 직접 영입 의사를 밝혔다. 1995년 4월 중순이었다.

손정의는 이렇게 말했다.

"최고 재무 책임자(CFO)로 와주십시오."

손정의는 1994년 7월에 소프트뱅크의 주식을 점두공개할 때 주간사인 노무라증권의 담당자였던 기타오 요시타카를 만났는데, 점두공개 절차를 진행하는 그의 역량에 완전히 매료되었던 것이다. 갑작스러운 영입 제안에 당황한 기타오는 손정의에 관한 신문과 잡지 기사를 찾아서 닥치는 대로 읽었다. 그리고 손정의의 열정과 과학적인 경영 전략에 감탄해 '이 사람과 함께 일해 보자'라고 결심했다.

그 후 기타오 요시타카는 노무라증권 시절에 런던과 뉴욕에서 근무했던 경험을 살려 소프트뱅크의 경리·재무 부문을 총괄하며 자금 조달을 위해 전력투구했다.

지프 데이비스사의 출판 부문 매수에 나섰을 때 손정의가 기타오에게 물었다.

"기타 씨, 가능할 것 같습니까?"

기타오가 자신 있게 답했다.

"가능합니다. 사장님, 걱정하지 말고 해봅시다."

이 힘찬 한마디에 손정의는 매수 자금 약 2,100억 엔을 조달하기로 했다.

기타오는 노무라증권에 있을 때부터 손정의가 자금을 조달하는 데 지원했다. 1990년대 중반부터 소프트뱅크의 기업 매수와 시장을 통한 자금 조달 흐름을 살펴보면 다음과 같다.

- F 테크놀로지 1994년 9월: 30억 엔

- 지프 데비비스사 전시회 부문 1994년 12월: 200억 엔

- 회사채(SB) 1995년 2월: 100억 엔

- 공모 1995년 3월: 194억 엔

- 인터페이스 1995년 4월: 800억 엔

- 회사채(SB) 1995년 9월: 500억 엔

- 공모 1995년 11월: 693억 엔

- 전환사채 1996년 1월: 700억 엔

- 지프 데이비스사 출판 부문 1996년 2월: 2,100억 엔

- 킹스턴 1996년 8월: 1,628억 엔

그야말로 대단하다는 말밖에 나오지 않는 자금 조달 능력이다. 기타오 요시타카가 노무라증권에서 쌓은 자금 조달 노하우가 소프트뱅크에서 꽃을 피웠다고도 할 만하다.

## 집단 전략으로 위험을 분산하라

셋째 단의 마지막 문자는 군(群), 즉 '집단 전략. 뜻이 같은 우수한 인물이나 회사와 손을 잡고 위험을 회피한다' 는 의미를 담고 있다. 단일 제품이나 하나의 비즈니스 라인만 고집하는 것이 아니라 복수의 비즈니스 라인이나 조직을 보유하는 데 중점을 두는 전략이다.

손정의는 〈프레지던트〉 기사에서 이렇게 말했다.

"물론 단일 품목이나 브랜드라면 경영 효율이 높다. ROI(총자산수익률)를 높이기에 가장 빠른 방법이다. 그러므로 약자로서 사업을 갓 시작했을 때는 한 가지 비즈니스 라인에 초점을 맞추고 병력을 집중시키는 편이 낫다. 하지만 기업이 일정 규모가 되어 사업의 차원을 넘어선 뒤에도 그런 기법을 찾아서는 안 된다. 시장 환경이나 상황이 바뀌면 그간 사업을 지탱해오던 요소 일부가 그대로 무너져버릴 수도 있다. 그러니 기업이 성장할수록 경영자는 안목을 높여 진형을 갖추고 정비해야 한다. 앉아서 위험을 기다리는 것은 어리석은 행동이기 때문이다.

그래서 나는 집단 전략을 모색한다. 항상 복수의 비즈니스 라인을 보유하고, 그것이 상승효과를 낼 수 있는 진형을 만든다. 그래야 라인 중 하나가 부진하더라도 다른 라인으로 충분히 손해를 메워서 본체는 절대 쓰러지지 않는다. 이것이 바로 위험의 분산이다."

예를 들어 본업 주위에 서너 가지 또는 대여섯 가지의 관련 사업을 구명 튜브처럼 매달아놓는 것이다. 그러면 본업이 잘 안 되거나 관련 사업 중 하나가 실패하더라도 그 구명 튜브의 힘으로 살아날 수 있다. 반대로 본업 한 가지에만 집중해서 경영하면 침몰 위기에 처했을 때 전멸할 우려가 있어 지극히 위험하다. 이를 방지하기 위한 전략이 '집단 전략'이다.

다만 집단 전략이라고 해서 익숙하지 않은 신규 사업에까지 손을 대라는 얘기는 아니다. 비즈니스를 확장하면 새로운 위험을 초래할 수 있으므로 본업과 상관없는 사업에 뛰어들 때는 매우 주의를 기울여야 한다.

1997년 3월 24일 자 〈니혼게이자이신문〉의 인터뷰 기사에서 손정의는 다음과 같이 말했다.

"소프트뱅크는 출자 비율이 20퍼센트를 넘는 관계회사가 50~60개이고, 20퍼센트 미만의 관계회사를 포함하면 100개에 이르며, 1997년 3월의 연결결산에서는 매출액 3,400억 엔을 웃도는 규모로 성장했습니다. 앞으로 5년에서 10년 뒤에는 그룹사가 1,000개로 늘어날 것입니다."

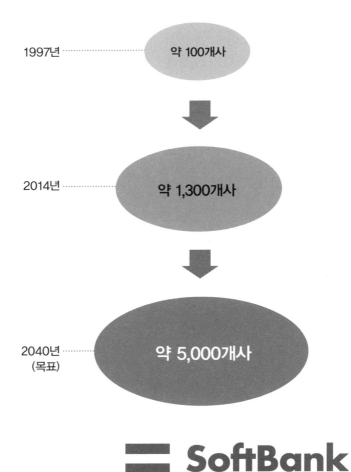

소프트뱅크의 그룹사 수

2014년 5월 현재 소프트뱅크 그룹의 관계회사는 앞에서 이야기했듯이 약 1,300개사로 불어났다. 손정의는 이를 30년 이내에 5,000개사까지 늘린다는 목표를 세웠다.

마지막으로, 손정의의 집단 전략이 성공을 거둔 사례를 소개하고 이 장을 마무리하고자 한다. 손정의는 세계적으로 새로운 판 짜기가 진행되고 있는 통신 업계에서 보다폰 일본 법인을 약 2조 엔에 매수했다. 그런데 보다폰의 2004년도 연결 매출액이 1조 4,700억 엔, 영업이익이 1,580억 엔이었던 데 비해 소프트뱅크는 2005년 3월 연결 매출액이 약 8,400억 엔, 영업적자가 약 250억 엔이었으며 그때까지 계속해서 수백억 엔의 적자를 내고 있었다. 요컨대 소프트뱅크의 보다폰 일본 법인 매수는 그야말로 참새가 독수리를 집어삼킨 M&A였다. 당시는 소프트뱅크가 통신 인프라 업자로서 NTT와 KDDI에 대항하고자 야후 BB에 거액을 투자하고, 일반 전화 회사인 니혼 텔레콤을 갓 매수한 때였다.

소프트뱅크는 2005년 11월에 총무성(우리나라의 행정자치부와 비슷한 역할을 하는 국가 행정기관으로, 소프트뱅크의 주 사업 분야인 전파·통신도 이곳 소관이다 – 옮긴이)으로부터 1.7기가헤르츠 대역의 사업권을 획득했다. 그리고 설비 업자와 리스 계약을 맺는 방법으로 투자를 최대한 억제하면서 자사 기지국을 정비하는 등 흑자 기조의 유지 속에 천천히 휴대전화 사업에 진출했다. 한편 보다폰은 NTT 도코모와 KDDI의 au에 밀렸을 뿐 아니라 제3세대 이동통신으로 원활하게 전환하는 데에도 실패했다. 그런 탓에 보다폰은 세계 전략을 수정하면서 일본에서 철수하겠다는 의사를 밝혔다. 이에 민첩하게 대응한 사람이 바로 승부사 손정의였다. 고생해서 취득한 면허를 활용하고자 도전을 결심하고 2조 엔 규모의 매수를 단행한 것이다.

또 그보다 조금 전에는 ADSL을 이용한 고속 네트워크 통신 분야의 1등 기업이 되기 위해 홍보 인력을 동원해 모뎀을 무료로 배포하는 전략을 구사했다. 이를 통해 500만 건이 넘는 계약을 확보함으로써 염원을 이뤘다.

앞서 봤다시피 소프트뱅크는 2005년 3월까지 수백억 엔의 누적 적자를 기록했다. 이를 메워준 것이 바로 야후 주식의 미실현 이익과 산하 기업의 상장 이익이었다. 손정의의 집단 전략이 멋지게 성공한 셈이다.

# 4장

# 도천지장법
# 道天地將法

## 대의명분은 마음을 움직인다

孫

생각했던 것을 일생 동안에 단 한 가지라도 해낸다면
그 사람의 인생은 정말 훌륭하다고 생각한다.

이 장에서는 첫째 단의 도천지장법(道天地將法)을 손정의가 어떻게 실천해왔는지 살펴보자.

## 백 가지 지식보다 하나의 신념

도(道), 즉 '이념, 뜻'은 손정의가 가장 중요하다고 단언한 문자다. 여기에서 주의해야 할 점이 있는데, 《손자》에 나오는 '도'는 유교에서 말하는 '도덕 · 윤리'가 아니라는 것이다.

손자병법은 전쟁에 관한 지침이다. 따라서 장병의 사기를 고취하는 무언가가 있어야 하는데, 그것이 바로 '대의명분(이념)'이다. 대의명분이 없으면 온 국민이 하나가 되는 체제를 갖출 수 없다. 이는 사업도 마찬가지다. 좋은 실적을 올리려면 최고 경영자와 직원이 한마음 한뜻이 되어 생산 · 판매 활동을 펼치는 것이 중요하다. 비즈니스 전쟁에서 승리하기 위해서는 승리에 대한 강한 신념 아래 부하 직원들을 전장으로 이끌며, 자신 또한 어떤 고난에 부딪히더라도 신념을 밀고 나가야 한다. 전략 전술이 훌륭한가 그렇지 못한가보다 이것이 훨씬 더 중대한 의의를 지닌다.

다시 말해 '백 가지 지식보다 하나의 신념'이라 할 수 있다. 비즈니스 전쟁에서 하나의 신념은 백 가지 지식보다 훨씬 강하며 효과가 높다. 승리를 위해 목숨을 거는 비즈니스 전쟁에서 사업을 수행할 힘을 주는 것은 신념이지 지식이 아니다. 이런 사실을 잘 알고 있기에 손정의는 직원들 앞에서 기회가 될 때마다 소프트뱅크 그룹의 '도'를 강조한다. 바로 '정보 혁명으로 사람들을 행복하게 하는 것'이 소프트뱅크의 도라고 말이다. 이처럼 자신의 입으로 말함으로써 이를 그룹사 직원들에게 깊이 뿌리내리도록 하려는 것이다.

이념, 뜻은 기업에만 필요한 것이 아니다. 개인 역시 마찬가지다. 대의명분을 갖고 노력하는 사람의 주위에는 뛰어난 재능을 지닌 사람이나 협력자가 자연스럽게 모여든다.

앞서도 소개한 것처럼 "경영자에게 반드시 필요한 것은 무엇인가?"라는 나의 질문에 손정의는 이렇게 답했다.

"최고 경영자가 리더십을 발휘할 때 반드시 갖춰야 하는 중요한 것이 셋 있습니다. '뜻, 비전, 전략'입니다. 또한 이 세 가지의 중요성에는 순서가 있습니다. 방금 언급한 대로 '뜻, 비전, 전략'의 순서지요."

이어 그는 모모타로 이야기(강물에 떠내려온 거대한 복숭아 속에 들어 있던 아기 이야기로 일본의 전래동화 중 하나다−옮긴이)에 비유하여 '뜻, 비전, 전략'을 설명했다.

"먼저, 가장 중요한 것은 '뜻'입니다. '우리 무리는 힘을 합쳐서 대체 무엇을 이룰 것인가? 무엇을 위해 행동할 것인가? 그것이 사람들에게 어떤 도움을 주는가?' 이런 고민을 하고 높은 뜻을 가지는 것이 무엇보다 중요합니다.

모모타로가 도깨비 섬에 가서 도깨비를 퇴치하는 옛날이야기를 예로 들어보죠. 모모타로의 부하들은 굳이 두려움을 무릅쓰고 도깨비 섬까지 갈 이유가 없었습니다. 단순히 수수경단이 먹고 싶어서라면 경단을 만드는 편이 생산성 면에서는 더욱 효율적일지도 모릅니다. 하지만 그것만으로는 열정이 불타오르지 않습니다. 도깨비 섬에 가는 이유는 마을 사람들이 도깨비에게 희생당하고 괴로움을 겪고 있기 때문입니다. 그들은 도깨비를 퇴치해서 마을 사람들을 구해야 한다고 생각한 것이지요. 이때 수수경단은 덤일 뿐입니다.

두 번째로 중요한 것은 '비전'입니다. 모모타로 이야기에서는 그 도깨비들이 동쪽 산에 있다고 합니다. 도깨비들은 금방망이 같은 것을 가지고 있고,

마을 사람들로부터 빼앗은 금은보화를 잔뜩 모아두고 있다고 합니다. '어디에 있고, 어떤 모습이며, 무엇을 하고 있는가'를 살핀 다음, 그것을 물리치면 엄청난 보물을 가지고 돌아올 수 있다는 비전을 그려야 합니다.

세 번째는 '전략'입니다. 어떻게 해야 그 도깨비들을 물리칠 수 있느냐는 것이지요. 모모타로는 이를 위해 원숭이를 불렀습니다. 꿩을 불렀습니다. 개를 불렀습니다. 꿩은 하늘에서 공격하고, 개는 물어서 공격하고, 원숭이는 할퀴어서 공격합니다. 그리고 도구로는 돌멩이나 막대기 등 여러 가지를 모읍니다. 이런 식으로 역할을 분담하고 전략을 세워야 합니다."

손정의는 어렸을 때부터 모모타로 이야기를 좋아했다고 하는데, 비유가 참으로 재미있다.

"모모타로는 '마을 사람들을 구해야 해!'라고 씩씩하게 말하고는 '여기 수수경단이 있는데, 참 맛있어. 먹어볼래?'라고 합니다. 그러자 개는 '멍멍' 하고, 꿩은 '꿩꿩' 하고, 원숭이는 '끼끼' 하고 말하지요. 뜻을 함께하며 하나가 되어 '도깨비를 물리치자!'라고 외치면서, 수수경단을 맛있게 먹으면서 전진합니다. 그렇게 해서 도깨비를 물리친 다음에는 산더미 같은 보물을 가지고 돌아와 마을 사람들에게 나눠주지요. 이처럼 지극히 단순하고 알기 쉬운, 다섯 살배기 아이라도 이해할 수 있는 논리를 왜 모르느냐고 이 세상의 정치가들에게, 경영자들에게, 교육자들에게 묻고 싶습니다."

참고로 '전략'은 3장(일류공수군)에서 자세히 다뤘고, '비전'은 6장(정정략칠투)에서 해설하기로 하겠다.


## 컴퓨터 세계에 천명을 느낀 순간

이번에는 다음 문자인 천(天), 즉 '천시, 타이밍. 아무리 재능이 있는 사람이라도 태어난 시기가 나쁘면 성공하지 못한다'에 관해 설명하겠다.

어떤 일을 이루겠다는 뜻을 세우고 대의명분, 즉 이념을 확립했다고 해서 즉시 행동에 들어갈 수 있는 것은 아니다. 손정의는 '장래에 사업가가 되자'는 뜻을 세우고 미래 자신의 모습을 그리며 행복감에 젖었지만, 구체적으로 어떤 사업가가 될지는 정하지 못하고 있었다. 그런데 고민을 거듭하던 어느 날, 하늘에서 벼락이 떨어진 것 같은 커다란 충격을 받았다. 그리고 한 줄기 빛을 느꼈다.

그것은 미국 유학 중에 일어난 일이었다. 누가 보면 노숙자로 착각할 만큼 빈곤한 생활을 이어가던 그는, 원칩 마이크로컴퓨터를 처음 본 순간 단번에 컴퓨터의 매력에 빠져들었다. 당시 그가 구입한 과학 잡지 〈파퓰러 일렉트로닉스〉에 실린 한 장의 사진이 그 계기였다. 그 잡지에는 인텔 컴퓨터 칩(가로세로 5밀리미터의 IC 칩)의 확대 사진이 실려 있었다. 무지갯빛으로 빛나는 아름다운 사진이었다.

훗날 파소나 그룹 난부 야스유키(南部靖之) 대표의 창업가 양성·지원 심포지엄에서 강연을 할 때 손정의는 그 사진을 본 순간의 감동을 이렇게 전했다.

"무엇인가를 내 손으로 하고 싶다는 생각, 무엇인가 재미있는 인생을 살고 싶다는 생각이 잠재적으로 있었습니다. 그리고 미국에 가서 학창 시절을 보냈는데, 그때 과학 잡지에서 우연히 컴퓨터 칩의 확대 사진을 봤습니다. 그 사진의 신비함과 아름다움에 어찌나 감명을 받았는지, 손가락과 발가락 스무 개가 전부 마비되어버렸습니다. 왜 오랫동안 정좌를 하고 있으면 발가락이 마비되지 않습니까? 바로 그런 느낌이었습니다. 단순히 정신적으로만 마비된 것이 아니라 물리적으로도 마비되었던 것이 지금도 기억납니다. 신기하지만 정말로 식은땀이 흘렀습니다. 아니, 땀뿐만 아니라 눈물까지 났습니다.

인류가 처음으로 인류 자신을 뛰어넘을 가능성을 지닌 지적 물질을 만들어냈구나, 나는 역사의 그런 중요한 전환기에 태어났구나, 지구가 생긴 지 40억에서 46억 년 그리고 최초의 생물이 탄생한 지 40억 년이라는 역사 속에서 전환기를 맞이하는 해에 나는 지금 여기에 있구나 하는 감동…. 그 감동이 어느새 저를 컴퓨터 분야로 끌어들였고, 마침내 직업으로까지 연결해주었습니다.

이것이 제가 지금의 회사를 시작하게 된 가장 큰 계기입니다. 제 인생의 전환기로서 미국에 갔고, 그곳에서 현재의 회사를 시작할 계기를 만난 것입니다."

이런 칩을 양산할 수 있다면 컴퓨터를 개인이 사용할 수 있는 시대가 순식간에 찾아온다. 그리고 좀 더 나아가면 인간을 뛰어넘는 지적 생물을 만들어낼 수도 있을 것이다. 이런 생각이 뇌리를 스쳐 지나갔다. 직감이 발동한 것이다. 엄청난 충격과 흥분을 느낀 손정의는 마음속으로 다짐했다.

'컴퓨터의 세계로 나아가자. 내가 사업가로서 나아가야 할 길은 이것이다!'

손정의가 '천'을 느낀 순간이었다.

이것은 흑선(黑船: 1853년에 일본을 찾아와 개항을 요구한 페리 제독의 군함을 주로 일컫는 말. 당시 사람들에게 강한 충격을 줬다-옮긴이)을 본 막부 말기의 젊은이들 사이에서 이유도 없이 '뭔가 해야 해'라는 의식이 고취되었던 것과 흡사하다.

이날 이후 손정의는 약 반년 동안 이 사진을 투명 파일에 끼워서 항상 가지고 다녔고, 밤에는 머리맡에 두고 잤다고 한다.

여담이지만, 훗날 손정의는 천재로 불리는 마이크로소프트사의 빌 게이츠로부터 이런 말을 들었다고 한다.

"저도 같은 시기에 〈파퓰러 일렉트로닉스〉를 보고 흥분을 감추지 못했습니다."

'역시 내 직감이 틀리지 않았어!'라고 재확인하는 순간이었다. 이렇듯 손정의는 천성적으로 날카로운 감성을 타고난 사람이었다.

뇌에서 창조성을 관장하는 전두엽은 뇌가 정보를 잔뜩 흡수했을 때 비로소 제 역할을 한다. 육감을 자극하는 번뜩이는 영감은 정보를 통해 유발되어 감동을 불러일으킨다. 이를 위해서는 평소에 안테나를 세우고 일급 정보를 감지할 수 있는 날카로운 감성을 갈고닦아야 한다.


## 무명이었던 알리바바에 투자한 이유

세 번째 문자인 지(地), 즉 '지리, 지리적 우세'는 사업의 거점을 어디에 두느냐와 관계가 있으며, 비즈니스를 성공시키는 데 매우 중요한 요소다.

《손자》 제10편 지형(地形) 편은 '지형을 장악하고, 부하를 통솔하는 데 주의하라' 라는 내용이다. 지형의 변화를 이용해야 하며, 이를 아는 것이 승패를 좌우한다. 병사의 강약만으로 전쟁의 승패가 결정되는 일은 많지 않으며, 지형의 유불리가 승패에 관여하는 경우가 적지 않다.

이는 장사도 마찬가지다. 무작정 가게를 차려놓고 기다린다고 해서 저절로 손님이 찾아오지는 않는다. 치밀한 고려가 필요하다. 가게를 차릴 때 지리적 이점을 확보한 다음 고객을 유인할 방법을 궁리하지 않으면 번영을 기대하기 어렵다. 또한 제품을 만드는 회사도 원료나 제품의 운반과 수급이 편리한 장소를 고름으로써 생산비를 절감하기 위해 힘써야 한다.

최근 들어 손정의는 '디지털 정보 혁명의 중심지는 인터넷의 발상지인 미국에서 아시아로 이동할 것이다' 라고 예측하고 아시아를 중시하는 경영 전략에 힘을 쏟고 있다. 2장에서도 소개했지만, 소프트뱅크 아카데미아 개교식 특별 강의의 한 구절을 다시 한 번 인용하겠다.

"15년 전에는 미국인이 전체 인터넷 인구의 50퍼센트를 차지했고, 아시아인은 19퍼센트에 불과했습니다. 하지만 앞으로 5년 뒤에는 인터넷 인구에서 아시아인이 차지하는 비율이 50퍼센트가 되고 미국인의 비율은 12퍼센트로 떨어질 것입니다. (…) 지금까지는 미국인이 세운 회사가 아니면 인터넷 분야에서 1등이 되지 못했습니다. 구글이나 아마존, 야후 US, 이베이 등은 전부 미국 회사였습니다. 요컨대 고객, 즉 사용자의 50퍼센트가 미국인이라면 당연히 영어 웹사이트 및 미국인의 생활 습관에 맞춘 비즈니스 모델이어야 했지요. 다시 말해 그동안에는 미국인에게 지리가 있었습니다.

하지만 앞으로는 아시아인이 인터넷 인구의 50퍼센트가 됩니다. 불과 5년 후면 말이지요. 이미 중국의 인터넷 사용자 수는 미국을 앞질렀습니다. 중국을 중심으로 한 아시아가 인터넷 사용자의 50퍼센트를 차지하고 미국은 12퍼센트가 된다는 말입니다.

그런 의미에서 우리는 그야말로 지리를 얻었습니다. 천시를 얻고 지리까지 얻었다면 움직여야지요."


물론 손정의는 지리를 얻었다고 해서 자만하는 경영자가 아니다. 2000년대 전반부터 일찌감치 아시아의 인터넷 관련 기업에 전략적 투자를 해왔다. 그 대표적인 예가 중국 최대의 오픈 마켓 타오바오를 산하에 둔 알리바바 그룹 홀딩에 대한 출자다. 손정의는 2000년에 2,000만 달러를 투자해 알리바바의 미공개 주식을 취득했다. 당시 무명이었던 알리바바는 현재 중국 최대의 전자 상거래 운영 회사로 성장했다. 소프트뱅크는 그 알리바바의 주식 중 약 3분의 1을 가지고 있는데, 현재 가치가 600억 달러에 이른다는 견해도 있다.

## 디지털 정보 혁명의 중심은 미국에서 아시아로

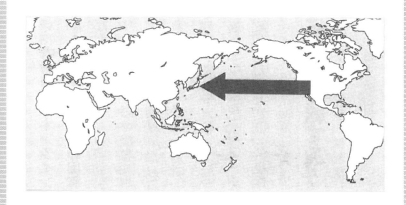

가까운 미래에
아시아인이 인터넷 인구의
50퍼센트를 차지하게 된다.

아시아를 주된 거점으로 삼은
소프트뱅크는 지리적 우세를 얻었다!

손정의(소프트뱅크)는
2000년 전반부터 아시아의 유력한
인터넷 관련 기업에 전략적으로 투자했다.

알리바바는 2014년 5월에 미국 주식시장에 상장을 신청했다. 2012년에 페이스북이 상장된 이래 초대형 상장으로 평가되고 있어서, 미국 시장에서 역사상 최대 규모의 IPO(주식공개)가 될 가능성도 있다(알리바바는 2014년 9월 뉴욕증권거래소에 상장됐으며 첫날 종가에 의한 시가총액은 2,314억 달러로 페이스북을 넘어섰다. 손정의는 34.1퍼센트의 지분으로 540억 달러가량의 평가액을 기록했다－옮긴이).

## 기둥에 바퀴를 달아라

손정의는 창업 이후 지금까지 본사를 세 번 이전했다. 그때마다 출세어처럼 더 크게 성장했다.

소프트뱅크 창업 초기인 일본 소프트뱅크 시절에는 도쿄 이치가야에 있던 주식회사 경영종합연구소의 방 한 칸에 본사를 개설했다. 공동 경영자의 회사에 셋방살이를 한 것이다. 이곳은 에도 시절 다이묘의 집이 있던 급이 높은 지역으로, 도심에서도 살기 좋기로 첫손에 꼽히는 지역이다. 지하철 고지마치 역, 이치가야 역과도 가까워서 지리적 우세 측면에서는 두말할 나위가 없었다.

그러나 손정의는 경영 방침과 관련해 공동 경영자와 의견이 맞지 않자 결별하고, 도쿄 도 미나토 구 다카나와에 새로운 사무실을 구해 그곳으로 이전했다. 시로카네와 아자부에서 가까운 이 일대는 이른바 고급 주택지다. 외국 대사관 등도 많아 이국적인 분위기를 풍긴다. 다카나와 프린스 호텔에서 언덕길을 내려오면 시나가와 역이 있어서 교통도 편리했다.

1990년대의 급성장기에 손정의는 본사를 주오 구 니혼바시 하코자키초로 옮겼다. 수도고속도로 도심 환상선의 하코자키 인터체인지 바로 옆이어서 고속도로를 타고 나리타공항으로 바로 갈 수 있었다. 니혼바시 하코자키초는 이른바 세계로 가는 관문이었다. 고속도로변에는 지바 현의 마쿠하리 멧세 국제전시장이 있다. 손정의는 미국의 유망 기업에 대한 M&A나 제휴를 목적으로 출국하기 위해 나리타공항을 자주 이용했기 때문에 이곳의 지리 또한 탁월한 것이었다.

그리고 현재는 도쿄 도 미나토 구 신바시의 도쿄 시오도메 빌딩으로 본사를 옮겼다. 세 번째 본사 이전이다. 이곳은 시오도메 지역의 재개발을 통해 개발된 땅이다. 모노레일 유리카모메선을 이용하면 도쿄 국제전시장까지 금방 갈 수 있으며, 하마마쓰초 역에서는 하네다공항으로 가는 모노레일을 탈 수 있다.

이와 같이 손정의는 사업이 발전하는 것과 보조를 맞춰 최적의 지리를 선택해왔다. 이 또한 출세어를 연상시킨다. 이와 비슷한 경영 모습을 저스코(현재 이온)의 초기 기업인 오카다야에서 볼 수 있다.

오카다야에는 제5대 당주 소에몬(惣右衛門)이 남긴 '두 가지 신조'가 전해진다. 하나는 '더 좋은 상품을 더 싸게 팔아라'이고, 또 하나는 '기둥에 바퀴를 달아라'다. 그중 두 번째인 '기둥에 바퀴를 달아라'는 언제라도 입지 조건이 좋은 곳으로 옮길 수 있도록 준비하라는 의미다. 한곳에 뿌리를 내리고 안주하면 사업이 발전하지 못한다, 정체되어 쇠퇴를 초래한다는 교훈이 담겨 있다.

제5대 당주 소에몬은 1887년에 정들었던 미에 현 욧카이치 시의 구로쿠마치를 떠나 시 중심부인 미나미마치로 옮겼다. 초대 당주 오카다 소자에몬(岡田惣左衛門)이 하쓰타고(오늘날 미에 현 이나베 시 호쿠세이초─옮긴이)에서 욧카이치로 이주해 오카다야를 창업한 것이 1758년이므로 약 130년 만의 일이었다.

중심가로 진출하는 것은 제5대 당주 소에몬의 오랜 꿈이었다. 10년 뒤에는 이곳도 좁아져서 시내 중심가인 기타마치의 첫 번째 건물로 가게를 옮겼다. 그리고 메이지 시대 말기가 되자 오카다야는 욧카이치에서 최고의 지위를 구축했다. 이 행동 패턴은 오카다야를 확장하고 번영시키는 기본 원리가 되었다.

오카다야는 1949년에 스와신미치로 이전했고, 1969년에는 저스코라는 새로운 조직체로 탈바꿈했다. 이 모두가 '기둥에 바퀴를 달아라' 라는 신조에 따른 것이었다. 그리고 1969년 2월 21일에 본부 기구로 저스코 주식회사가 설립됐다.

규모의 확대를 통한 새로운 유통 시스템의 창조를 내세운 저스코는 '상업을 통해 지역사회에 봉사한다' 를 사훈으로 삼아 소매업의 조직화, 근대화를 목표로 기나긴 여정을 시작했다. 회사의 새로운 이름은 공모를 거쳐 '일본 유나이티드 스토어즈 주식회사(Japan United Stores Company, JUSCO)' 가 선택되었다. 그리고 탄생 20주년을 맞은 1989년에 저스코는 사명을 이온 그룹으로 변경했다.

## 혼자서는 큰일을 해낼 수 없다

네 번째 문자인 장(將), 즉 '큰 성공을 거두려면 우수한 장수가 필요하다' 로 넘어가자. 아무리 뛰어난 사람이라도 혼자서 할 수 있는 일에는 한계가 있다. 큰일을 이루려면 뜻을 함께하는 협력자가 필요하다. 실제로 우수한 경영자는 남녀를 불문하고 유능한 직원들을 두고 있다.

앞에서도 이야기했듯이 손정의는 노무라증권의 기타오 요시타카(당시 노무라증권 사업법인 제3부장)를 영입하여 자신의 오른팔로 삼았다. 손정의는 기타오가 노무라증권에서 일하던 당시에도 그에게 조언을 받고 있었다.

"이 정도 금액이면 사채로 조달할 수 있습니다. 그걸로 은행에 갚으면 됩니다."

기타오는 1994년에 소프트뱅크의 주식공개를 담당했다. 소프트뱅크가 지프 데이비스사의 전시회 부문인 인터롭사를 약 200억 엔에 매수했을 때도 그 성공의 이면에는 노무라증권의 기타오가 있었다.

기타오 요시타카는 1951년에 효고 현에서 태어나 게이오 대학교 경제학부를 졸업한 뒤 노무라증권에 입사했다. 그리고 케임브리지 대학교로 유학을 떠나 세계 경제를 접했으며 뉴욕과 런던, 도쿄에서 다양한 금융 비즈니스에 종사했다. 기업의 재무 관리나 자금 조달에 관해서는 수많은 실전 경험과 실력을 갖춘 인물이다.

그런 기타오의 경력은 소프트뱅크의 재무를 책임지기에 부족함이 없었다. 그는 당시 상장한 지 얼마 되지 않은 소프트뱅크의 자금 조달을 도왔는데, 조달 금액이 5,000억 엔에 이르렀다. "소프트뱅크가 급성장하는 데 필요한 자금은 전부 기타오가 조달했

다"고 해도 과언이 아니다. 기타오는 '소프트뱅크의 금고지기'
로서 소프트뱅크의 급성장을 뒷받침한 것이다.

그 후 기타오는 1999년에 소프트뱅크 인베스트먼트, 현재의
SBI 홀딩스의 사장 겸 CEO로 취임했다. 이 회사는 2006년 8월
에 소프트뱅크 그룹에서 독립했다.

## 지속적으로 승리하는 시스템 만들기

이어서 1단의 마지막 문자인 법(法), 즉 '지속적으로 승리하기 위
한 체계, 시스템, 규칙 만들기'를 살펴보자. 손자병법에서는 '조
직 편성, 지휘 신호의 규칙, 대장이나 군관의 직무상 책임, 보급
로와 군수품 관리 등의 상황과 그 제도들이 엄격하게 집행되고
있는가?'와 같이 폭넓게 정의했다. 손정의는 이를 '시스템과 규
칙 만들기'라고 이해하기 쉽게 바꾸고, 소프트뱅크 아카데미아
개교식의 특별 강의에서 이렇게 설명했다.

"법이라고 하면 곧바로 법률의 법을 떠올리는 사람이 많습니다. 그런데 손
자가 말한, 그리고 여기에서 말하는 법은 시스템이나 방법론 등의 규칙 만
들기, 체계 만들기를 의미합니다. 그러니까 비즈니스 모델이나 플랫폼 같

은 것도 포함되지요. (…)

주먹구구식으로 우연히 얻은 과실은 오래가지 않으며, 단순한 근성만으로 성취한 것 역시 오래 지속되지 않습니다. 체제를 갖추고, 시스템을 만들고, 법칙을 만드는 형태로 가지 않으면 커다란 조직을 만들 수 없습니다. 지속적으로 승리하는 시스템은 만들어지지 않습니다. (…)

'어떤 시스템을 만들어야 우리 회사가 더욱 강해질 수 있을까?' 하는 점을 염두에 두고 항상 아이디어를 짜내야 합니다. 그런 시스템을 만들어나가는 사풍을 형성해야 한다는 말입니다. 다른 어떤 회사, 어떤 그룹보다 지속적으로 성장하는 시스템, 성공 확률을 높여나가는 시스템을 만들어야 한다는 말입니다."

그렇다면 손정의는 지금까지 어떤 법, 즉 지속적으로 승리하기 위한 시스템을 만들어왔을까? 대표적인 예가 '일일결산'과 '팀제'다. 손정의는 이 두 가지를 다음과 같은 과정을 거쳐 발명했다.

**일일결산**

① 출판 부문에서 실적이 악화된 시기가 있었는데, 이를 막을 방법이 없었다.

② 경영을 악화시키지 않으려면, 악화되었을 때 그것을 일찌

감치 알아차릴 수 있는 시스템이 필요하다.

③ 1989년경에는 소프트뱅크의 도매 부문이 적자를 기록했다. 유통은 하루하루가 승부다. 일일결산을 도입함으로써 현재의 상태를 빠르게 파악해 대책을 마련할 수 있었다.

## 팀제

① 회사의 실적이 악화되어도 직원이 많으면 경영자는 잘 깨닫지 못한다.
② 조직의 인원이 적으면 변화를 일찍 깨달을 수 있다.
③ 경영 악화라는 변화를 빠르게 깨닫기 위해서는 구성단위의 인원을 줄이면 된다.

특히 팀제는 손정의가 '노벨상감'이라고 말할 정도로 자부심을 가지고 있는 제도다. 구체적으로는 사내 조직을 열 명 이하의 팀으로 나누고 팀을 하나의 기업, 즉 '가상 기업'으로 간주해 독립 채산을 적용하는 제도다.

그런데 왜 열 명일까? 사람의 손가락과 발가락은 각각 열 개다. 손가락이나 발가락이 하나라도 없어지면 손으로 작업하기 어려워지고 걷기 힘들어진다. 이와 마찬가지로 각각의 비즈니스 구성단위가 열 명 이하가 되면, 어떤 변화가 일어났을 때 그 변화를 금방 감지할 수 있다.

## 소프트뱅크의 독자적 경영 기법

이 일일결산과 팀제를 조합한 것이 소프트뱅크 경영의 기본 바탕을 이루는데, 이를 위해서는 컴퓨터의 도움이 필요하다. 2014년 현재 소프트뱅크 그룹의 직원 수는 약 2만 3,000명으로, 팀의 수가 2,000개를 훌쩍 넘어가기 때문이다.

각 팀은 손익이 지속적으로 분석된다. 실적이 나쁜 팀은 독립 채산 원칙에 따라 도산하며, 도산한 팀은 해체된다. 팀의 적자가 일정 금액을 초과하면 자동으로 해체된다. 안전장치를 마련해놓은 것이다. 팀과 팀 간에 M&A, 즉 합병이나 매수도 이뤄진다. 다른 팀을 합병하거나 매수하여 팀 인원이 열 명을 넘기면 분할하게 된다. 그러므로 기세 좋은 팀은 분신을 계속해서 늘릴 수 있다.

팀별로 일일결산을 통해 분석되며 대차대조표도 작성된다. 게다가 정보가 모든 직원에게 공개되기 때문에 어떤 팀이 어떤 상태인지 모두가 알 수 있다. 평가 기준은 이익을 얼마나 올렸느냐가 아니라 전년에 비해 이익을 얼마나 증가시켰느냐다. 그러므로 어떤 팀에 소속되어 있어서 불리하다는 변명은 통하지 않는다. 자신의 팀에서 실적을 얼마나 증가시켰느냐가 근무 평가의 가장 중요한 핵심이다. 재무 결과에 따라 팀의 등급이 바뀌며, 이에 따라 재무 부문으로부터 팀이 차입을 할 때 적용되는 금리에도 당연히 차이가 생긴다.

소프트뱅크에는 직원 한 명당 약 3대의 컴퓨터가 있다고 한다. 이 컴퓨터 네트워크를 통해 날마다 매출 등의 기본적인 데이터를 모은다. 그리고 이와 함께 여성 담당자 한 명이 하루에 30분 동안 특별한 데이터를 입력하면 회사 전체의 일일결산을 위한 업무가 끝난다. 이에 따라 세계 어디를 가더라도 컴퓨터를 통해 지속적으로 그룹 전체의 경영 상황을 파악할 수 있다. 또한 회사의 상태를 디지털 정보로 만들어 철저히 분석하고 있다. 일일결산을 위한 소프트웨어는 물론 소프트뱅크가 독자적으로 개발한 것이다. 이것만큼은 외부 반출이 금지되어 있다.

또한 데이터는 전부 그래프로 변환된다. 숫자만을 봤을 때는 어떤 특징이 있는지 또는 무엇이 중요한지 잘 보이지 않지만, 이것을 그래프로 나타내면 일목요연해지기 때문이다. 팀별로 각종 지표를 모으면 회사 전체로 볼 때는 엄청난 수의 그래프가 생기는데, 이것을 1,000개씩 모아서 정기적으로 분석하여 문제점이 없는지를 파악한다. 손정의는 이것을 '1,000개 노크'라고 불렀다. 그래프 1,000개가 모일 때 비로소 어디에 문제가 있으며 어디를 고쳐야 하는지가 보이게 된다.

손정의는 자신이 디지털 인간임을 인정한다. "이 부문은 뭔가 이상한데…?" 같은 식으로, 문제가 뚜렷하지 않고 모호한 것을 그는 극단적으로 싫어한다. 그래서 1,000개 노크를 채용함으로써 회사 경영에서 모호함을 완전히 배제하려 한다.

이를 1995년부터는 1만 개로 늘렸다. 경영 보고나 결재 등도 컴퓨터로 하고 있다. 모든 임원이 노트북 컴퓨터를 보면서 종이 없이 경영 회의를 한다. 모든 정보가 디지털화되어 컴퓨터에 들어 있으므로 가능한 일이다.

손정의는 이 1만 개나 되는 지표를 그래프로 만들어 경영을 분석, 관리하는 방법을 '초계기(超計器) 비행'이라고 부른다. 비행기를 조종하는 방법에는 세스나처럼 조종간을 잡고 눈으로 주변을 확인하며 조종하는 시계 비행도 있고, 점보제트기처럼 200~300개씩 달린 계기에 의지하며 조종하는 계기 비행도 있다. 또 스페이스 셔틀처럼 지상에 있는 수백 명의 스태프가 2~3년에 걸쳐 계산한 결과를 바탕으로 조종하는 초계기 비행도 있다. 이 가운데 손정의가 가장 자신 있어 하는 방법이 바로 초계기 비행이다.

손정의는 1997년 3월에 이런 말을 했다.

"평범한 회사에서는 50~100개 정도의 지표를 그래프로 만들고 있을 것이다. 하지만 그 정도로는 진정으로 분석을 했다고 말할 수 없다."

그로부터 10여 년이 지나는 동안 소프트뱅크의 초계기 비행적 경영 기법은 더욱 진화했다.

# 5장

# 지신인용엄
# 智信仁勇嚴
진정한 리더라면 소양을 갖춰라

리더는 혁명가와 사업가의 양면을 가져야 한다.

넷째 단의 지신인용엄(智信仁勇嚴)은 '진정한 리더가 되기 위해 갖춰야 할 것', 즉 리더의 소양을 나타낸다.

손정의는 항상 이 다섯 문자를 만족시키는 사람이 되고 싶다고 자신에게 말해왔다. 낮은 수준에서라면 이 다섯 문자의 균형을 맞추기는 비교적 간단하다. 그러나 좀 더 큰 그릇으로서, 좀 더 높은 차원에서 균형을 잡기는 생각보다 훨씬 어렵다. 신의나 인애에 지나치게 중점을 두면 엄격함이 뒷전으로 밀려날 위험이 있다. 또 용기 있게 한발 내디디고 엄격하게 일을 처리하려 하면 이번에는 '의리도 인정도 없는 놈'이 되어버린다.

균형을 유지하면서 좀 더 높은 차원을 지향하고 자신의 그릇을 크게 만들어나가는 것은 참으로 어려운 일이다. 그야말로 영원한 숙제다. 손정의는 이 어려운 일을 과연 어떻게 풀어왔을까?

# '황금알을 낳는 거위'를 만들어라

첫 번째 문자는 지(智), 즉 '사고력, 이해력, 전문적인 지식, 프레젠테이션 능력, 협상력 등을 균형 있게 겸비하는 것'이다.

캘리포니아 대학교 버클리 캠퍼스에 다니던 시절, 손정의는 이렇게 생각했다.

'사업가가 되려면 창업 자금이 있어야 하는데, 아르바이트로는 몇 년이 걸려도 모을 수 없다. 그렇다면 방법은 발명을 해서 돈을 버는 것뿐이다.'

그래서 '하루 한 건씩 1년 동안 발명을 계속할 것'을 자신에게 의무화했다. 만약 자신의 아이디어가 실용화되면 특허 사용료로 한 달에 100만 엔 이상의 수입을 거둘 수 있으리라고 계산한 것이다.

발명품이란 아이디어 상품이다. 아이디어 상품을 만들어내려면 발상력을 키우는 수밖에 없다. 그래서 손정의는 발상력을 높이고 강화하기로 마음먹었다. 그 방법은 오로지 훈련뿐이다. 스포츠 세계에는 '연습·연마는 불가능을 가능케 한다'라는 말이 있는데, 손정의는 그 말을 몸소 증명해 보였다.

훈련을 하려면 규칙이 필요하다. 손정의는 발명을 위한 시간을 하루에 5분 이내로 정했다. 그러고는 매일 한 번씩 알람을

5분 뒤로 맞춰둔 다음 벨이 울릴 때까지만 아이디어를 짜냈다. 그 사이에 아이디어가 나오지 않으면 그날은 실패했다고 간주하는 것이다.

두뇌를 쓰는 방식에는 두 가지가 있다. '지식을 외우는' 것과 '지혜를 짜내는' 것이다. 지식을 외우는 것은, 컴퓨터로 치면 데이터 입력에 해당한다. 한편 지혜를 짜내는 것은 논리 회로를 설계해서 작동시키는 것에 해당한다. 발명은 지혜를 짜냄으로써 탄생한다.

1년 뒤, 손정의의 발명 고안 노트는 250건이나 되는 발명 아이디어로 가득 채워졌다. 소득은 이것만이 아니었다. 이 발명 훈련으로 두뇌를 단련한 것이 훗날 큰 도움을 준 것이다.

사실 이것은 미국이라는 독창성과 창조력을 중시하는 나라로 유학을 간 덕분이기도 했다. 아무리 천재 손정의라고 해도 일본에서 같은 또래의 젊은이들과 경쟁하며 대학 입학시험에 에너지를 소모했다면, 발명을 위해 머리를 쓰고 독창성과 창조력을 높이는 훈련은 꿈도 못 꾸었을지 모른다. 즉 오늘날의 손정의로 성장하지 못했을 것이라는 얘기다. 손정의 자신도 이렇게 술회한 바 있다.

"미국으로 건너가지 않고 일본에 남았다면 지금의 나는 없었을 것이다."

손정의는 이 발명 훈련을 통해 최종적으로 '손정의식 발명 발상법'을 고안해낼 수 있었다.

'하루 한 건 발명하기'를 시작하고 처음 한두 달은 아이디어가 끊임없이 떠올랐다고 한다. 그러나 시간이 지나자 아이디어가 고갈되고 말았다. 그래서 손정의는 발상을 바꿨다. 발명을 만들어내는 시스템, 즉 발명을 위한 사고 시스템을 먼저 발명하자고 생각한 것이다. 이것을 확립한다면 그 자체가 가장 큰 발명이 된다. 황금알을 만들기보다 황금알을 낳는 거위를 만들자는 발상이다.

손정의는 먼저 '발명은 어떤 과정을 통해 탄생하는가?'를 생각했다. 그리고 시행착오 끝에 발명에는 세 가지 패턴밖에 없다는 결론에 도달했다.

첫 번째 패턴은 문제 해결법이다.

문제를 발견하고 3단 논법으로 해결책을 생각한 결과 새로운 발명이 탄생하는 패턴이다. 가령 자루가 둥근 연필 하나가 있다고 하자. 책상 위에 올려놓으면 데구루루 굴러서 떨어진다. 여기에서 '연필이 구른다'라는 문제를 발견했다. 그러면 구르지 않도록 할 방법을 생각하게 되고, '단면을 사각형이나 육각형으로 만들면 된다'라는 해결책을 얻을 수 있다. 이것이 발명이다.

두 번째 패턴은 수평 사고법이다.

수평 사고는 영국의 교육학자인 에드워드 드 보노(Edward de Bono) 박사가 1969년에 제창한 아이디어 발견법이다. 논리적 사고나 분석적 사고인 수직 사고에 얽매이지 않고 여러 가지 생각을 해서 좀 더 나은 아이디어를 찾아내는 방법이다. 예를 들어 기존의 동그란 상품을 사각형으로 만들어본다든가, 빨간 것을 흰 것으로 만들어본다든가, 큰 것을 작게 만들어보는 식이다.

세 번째 패턴은 조합법이다.

라디오와 테이프 레코더를 조합하면 라디오 카세트 레코더가 된다. 오르골과 시계를 조합하면 오르골 자명종이 된다. 이것이 조합을 통해 발명에 이르는 패턴이다.

이 세 가지 패턴 중에서 시스템으로 만들기에 가장 적합한 것은 세 번째의 조합법이다. 시스템으로 만들면 발명 아이디어가 끊임없이 쏟아져 나오게 된다. 그래서 손정의는 단어 암기 카드를 만들듯 카드에 다양한 물건의 이름을 적었다. 귤, 못, 메모리 등 종류를 가리지 않고 생각나는 대로 적었다. 그리고 카드가 300장 정도 완성되자 그것을 트럼프처럼 넘기며 무작위로 석 장을 뽑은 다음, 그 세 가지를 조합해 새로운 상품의 아이디어로 만들어나갔다. 예를 들어 '사과, 스피치 신시사이저(전자적 음성 합성 장치 – 옮긴이), 시계'라는 카드가 뽑혔다고 하자. 이는 일반적인 상식을 지닌 사람이라면 생각하기 어려운 조합이다. 그런데 언뜻 의미가 없어 보이는 조합이지만, 곰곰이 생각해보면 새로운 발상이 솟아난다. 가령 '사과' 모양의 '스피치 신시사이저'가 꼬꼬댁 하고 울어서 한가로운 시골의 아침을 연출하는 음성 '시계'가 되는 식이다. 이것이 만약 지금까지 없었던 조합이라면 하나의 발명이 된다.

다음으로 손정의는 컴퓨터 프로그램을 제작해 각 물건의 1개당 비용을 입력했다. 그리고 그것이 얼마나 새로운 물건인가, 자신이 그 물건에 대해 어느 정도의 지식을 가지고 있는가 등 40가지 정도의 요소를 나열했다. 그런 다음 각 요소에 20점 만점, 10점 만점, 5점 만점을 기준으로 점수를 매겨 지수화했다.

300장의 카드를 각각 석 장씩 뽑으면 100가지 조합이 생긴다. 손정의는 컴퓨터로 그 100가지 조합의 각 지수를 전부 곱해 점수가 높은 순서대로 나열했다. 하루에 쓰기로 한 시간이 5분밖에 안 되므로 점수가 높은 것부터 살펴본다. 그러면 특이한 조합이면서도 흥미를 자아내는 아이디어가 반드시 대여섯 가지는 나온다. 최종적으로는 사람인 손정의가 판단을 내린다.

이 시스템은 두뇌를 자극하는 아이디어를 만들어준다. 손정의는 1년 동안 이 일을 반복해서 250건 정도의 아이디어를 생각해냈다. 그리고 이것을 하나로 압축한 것이 샤프에서 상품화한 전자수첩의 원형에 해당하는 아이디어였다. 손정의는 이 원형에 대해 특허를 취득했다.

손정의가 발명한 원형은 '음성 장치가 달린 다국어 번역기'다. 키보드로 일본어를 입력하면 그 번역문이 음성으로 출력된다. 사전, 컴퓨터의 스피치 신시사이저, 전자식 탁상 계산기를 조합한 아이디어였다.


## 원하는 결과를 끌어내는 대담한 협상력

아이디어 제품을 발명, 개발해서 시제품을 제작했더라도 그것을 대량 생산해 시장에서 팔지 못한다면 아무런 의미가 없다. 그리고 대량 생산을 하려면 아무래도 대기업을 이용해야 하는데, 이를 위해서는 특허권을 파는 수밖에 없다.

손정의는 자신이 고안한 번역기의 시제품이 완성되자 1978년 여름에 일시 귀국했다. 그리고 발명의 취지를 적은 편지를 가전제품 회사 등 약 50개사의 사장 앞으로 보냈다. 열 곳 정도에서 답장이 왔다. 캐논과 오므론, 요코가와 휴렛팩커드(현재 일본HP), 카시오, 마쓰시타 전기산업(현재 파나소닉), 샤프 등이었다. 손정의는 이들 회사를 직접 찾아갔다.

사실 손정의는 내심 샤프를 가장 선호했고 그다음 순위로는 카시오를 생각하고 있었다. 마쓰시타 전기를 비롯한 많은 회사의 대응은 담당자가 적당히 이야기를 들어주는 정도였다. 손정의가 카시오를 찾아갔을 때는 담당 과장이 시종일관 냉담한 태도를 보였다. 그뿐 아니라 제품에 대해서도 혹평을 했기 때문에 손정의는 크게 낙담하여 돌아왔다. 이에 비해 샤프를 방문했을 때는 담당자가 관심을 보이며 상당히 날카로운 질문도 던졌다. 속으로 가장 선호했던 회사인데, 다행히 반응이 나쁘지 않아 보였다. 하지만 그렇다고 당장 계약을 해줄 것 같은 낙관적인 느낌도 아니었다.

이에 손정의는 한 가지 계책을 생각해냈다. 오사카 변호사협회에 전화를 걸어 샤프에 관해 잘 알고 있는 특허사무소가 어디인지 물어봤다. 다행히 샤프의 특허부에서 일한 경력이 있는 니시다 특허사무소의 니시다 변호사를 소개받을 수 있었다.

손정의는 즉시 그 사무소를 찾아갔다. 니시다 변호사는 손정의의 발명이 특허를 받을 만한지 확인해줬을 뿐만 아니라 샤프의 핵심 인물이 누구인지도 알려주었다. 당시 샤프 중앙연구소의 소장이었던 사사키 다다시 전무(훗날 샤프 부사장, 소프트뱅크 고문)와 아사다 아쓰시(浅田篤) 기술 부본부장(훗날 샤프 부사장, 닌텐도 회장)이 그들이다. 이에 손정의는 니시다 변호사에게 간곡히 부탁했다.

"그 두 분에게 전화를 걸어서 제가 꼭 뵙고 싶어 한다고 전해 주십시오."

니시다 변호사는 그의 청을 들어주었다. 즉시 두 사람에게 전화를 걸어 꽤 흥미로운 기계이니 한번 만나라도 보라고 설득해주었다.

손정의는 다음 날 샤프에 전화를 걸어 방문 약속을 잡았다. 그리고 규슈에서 연락을 받고 급하게 올라온 아버지와 함께 나라현에 있는 샤프의 중앙연구소를 찾아갔다. 당시 아직 스물한 살의 학생이었던 손정의는 계약을 맺을 때 나이 때문에 무시당해서는 안 된다는 생각에서 아버지께 동행을 부탁한 것이었다. 아버지는 아들의 첫 사업에 기꺼이 동행해주었다. 다만 협상은 전부 손정의가 했고, 마침내 계약에 성공했다.

이때 협상에 성공한 경험과 자신감은 손정의가 본격적으로 사업을 시작해 비즈니스를 하는 데 커다란 도움을 줬다. 그런 의미에서 보면 비즈니스를 위한 첫 번째 실전 협상 연습이 된 셈이다.

사실 손정의는 시제품을 만들 때도 뛰어난 협상력을 발휘했다. 다국어 번역기의 시제품을 만들기 위해 프로젝트팀을 꾸릴 때 버클리 캠퍼스의 포레스트 모더 교수를 비롯해 세계 일류 연구자와 기술자들을 설득한 것이다. 손정의는 그들 한 사람 한 사람을 찾아가 자신의 아이디어를 설명하고 시제품 제작에 협력해달라고 부탁했다. 물론 당연한 일이지만 "No"라는 대답이 많았다. 그러나 개중에는 "Yes"라고 대답해준 고마운 교수도 있었다. 손정의는 공짜로 일을 해달라고 한 것이 아니었다. 전원에게 성공 보수를 지급하겠다고 약속하고 부탁했다. 손정의는 이렇게 말했다.

"교수님께 공짜로 도와달라고 말할 생각은 없습니다. 하지만 제게는 돈이 없습니다. 그래서 보수는 나중에 드리는 것으로 하고 싶습니다. 시제품이 완성돼서 그것을 일본에서 판매하는 데 성공하면 계약한 시급을 기준으로 보수를 지급하겠습니다."

손정의는 훗날 그 약속을 지켰다. 시제품 제작 프로젝트에 참여한 기술자들에게 판매 대금 1억 엔 중 1,000만 엔을 지급했다.

자신의 꿈이나 희망 또는 욕망을 현실로 만들려면 아무래도 누군가의 힘을 빌려야 한다. 혼자서는 아무것도 이룰 수 없기 때문이다. 상품이나 제품 등을 팔려고 할 때도 마찬가지다. 그것이 비즈니스일 때는 만만치 않은 협상 상대가 등장하기 마련이다. 그런 상대를 설득해 이해시키지 못하면 상품을 팔지 못한다. 그러므로 영업력, 판매력의 바탕이 되는 협상력을 반드시 단련해둬야 한다. 아무리 일급 상품이나 제품을 개발했더라도 영업을 해서 상대의 지갑을 열지 못한다면 쓰레기와 다를 바가 없다.

손정의는 실천을 거듭하는 가운데 협상력을 갈고닦았다. 첫 번째 기회는 미국 유학을 결심했을 때 찾아왔다. 한 달 전 여름방학의 어학연수 때 미국에서 영어를 가르쳐준 선생님께 편지를 보내 신원 보증인이 되어달라고 부탁한 일이 그것이다. 이것은 분명한 '협상 연습'이었다.

다음으로 손정의는 미국 유학을 떠나기 전에 당시 햄버거를 일본에 소개해 성공을 거두기 시작한 일본 맥도날드 본사를 찾아갔다. 그러고는 후지타 덴(藤田田, 1926~2004) 사장에게 면회를 요청했다. 비서는 의아한 표정으로 후지타 덴에게 연락했다.

"낯선 소년이 찾아와 꼭 뵙고 싶다고 하는데요."

그러나 후지타는 바쁜 몸이었기 때문에 손정의를 만날 생각이 전혀 없었다. 그런데 손정의는 계속 거절당하면서도 일주일 내내 후지타 덴의 사무실을 찾아갔다. 이런 끈질김에 후지타는 결국 손정의를 응접실로 초대했다. '이렇게까지 나를 만나고 싶어 하는 데는 뭔가 이유가 있겠지'라고 생각한 것이다.

그런데 손정의는 후지타에게 가볍게 인사를 하자마자 불쑥 물었다.

"후지타 씨가 앞으로 유망하겠다고 생각하는 사업은 무엇인가요?"

후지타 덴은 일순 당황하면서 이렇게 대답했다.

"잘은 모르겠지만, 컴퓨터 사업이라고 생각하네."

이러한 예는 또 있다. 미국 고등학교에서의 '월반' 이야기다.

4년제인 그 고등학교에서 손정의는 2학년으로 편입했다. 공부를 1주일 동안 한 뒤 교장을 찾아가 이렇게 말했다.

"지금 수업하는 내용은 이미 아는 것입니다."

그러니 3학년으로 월반시켜달라고 요청한 것이다. 그 결과 월반이 인정되었고, 또 얼마 지나지 않아 4학년으로 올라갔다.

그즈음 대학 입학 검정시험을 보게 되었다. 이때 영어로 출제되는 검정시험에 대해 손정의는 시험관에게 이렇게 말했다.

"이건 공정하지 않습니다. 일본어로 번역해주십시오"

결국 사전을 들고 시험장에 들어가도 된다는 특례를 인정받고 시험을 치렀으며, 이 시험에서도 합격했다.

이렇게 해서 손정의는 고등학교에 편입한 지 불과 몇 주 만에 대학 입학 자격을 얻고 고등학교를 중퇴했다. 그 후 1977년에는 캘리포니아 대학교 버클리 캠퍼스에 들어갔다. 손정의의 협상력은 이런 실전 연습을 통해 계속 다져진 것이다.


## 협상에 성공하는 결정적 한마디

앞의 여러 일화에서도 알 수 있듯이 손정의는 설득의 명수, 협상의 달인으로 알려져 있다. 한마디로, 끈질기고 집요하다. 상대가 질려버릴 정도로 설득한다.

　손정의의 비즈니스 역사를 살피다 보면 반드시 상대를 설득하는 '비법'이 부각된다. 그것은 다음 다섯 가지로 요약할 수 있다. 말하자면 설득·협상을 성공시키는 다섯 가지 비법이다.

- 비법 1: 자신을 100퍼센트 설득한다.
- 비법 2: 상대에게 최선을 다하겠다고 진심으로 생각한다.
- 비법 3: 상대가 자기도 모르게 마음이 끌릴 결정적인 한마디를, 적절한 타이밍에 열정을 품고 말한다.
- 비법 4: 외국인을 상대로 영어로 말싸움을 할 수 있을 만큼 뛰어난 커뮤니케이션 능력을 갖춘다.
- 비법 5: 끈질기고 집요하게, 상대가 넘어올 때까지 포기하지 않고 설득을 계속한다.

　손정의는 설득·협상 상대의 품으로 파고드는 명수인 동시에 '결정적인 한마디'를 적절한 타이밍에 구사하는 천부적인 재능을 지녔다. 이것은 단순한 아첨과는 전혀 다르다.

　상대를 설득하고 협상할 때의 비결은 열심히 프레젠테이션하고 비전을 호소하는 것이다. 때에 따라서는 상대를 부추기는 말로 상대의 자만심을 높여 이쪽의 요구에 응하게 한다. 상대의 마음을 움직이려면 결정적인 한마디가 효과적이다.

손정의가 지금까지 한 말 중에서 상대의 마음을 크게 움직인 결정적인 한마디를 살펴보자. 이것을 보면 손정의가 얼마나 뛰어난 화술의 달인인지 알 수 있을 것이다. 다음은 손정의의 명언집이다.

"이 번역기는 굉장히 좋은 발명품이라서 어떻게든 실용화하여 세상에 공헌하고 싶습니다."(샤프의 사사키 전무에게 번역기 시제품을 소개하면서)

"일본 최고의 컴퓨터 유통 회사를 만들고 싶습니다. 일본 최고의 소프트웨어 유통 회사를 만들 사람은 저밖에 없습니다."[허드슨 소프트의 구도 히로시(工藤浩) 부사장에게]

"제가 가진 것은 한없는 열정이며, 제가 노리는 분야는 세상이 필요로 하는 분야이므로 아마도 수요는 있을 것으로 생각합니다. 하지만 증명은 할 수 없습니다."(제일권업은행 미키야 마사유키 지점장에게 1억 엔의 융자를 신청하면서)

"무슨 말씀이신지 알겠습니다. 반드시 만족하실 만한 금액을 제시하지요."
(지프 데이비스사 매수 협상을 위해 뉴욕의 포스트만 리틀사를 찾아갔을 때 포스트만 사장의 제안에 대해)

"기타오 씨, 1분만 시간을 주십시오. (…) 최고 재무 책임자로 와주셨으면 합니다."(노무라증권 사업법인 제3부장이었던 기타오 요시타카를 소프트뱅크로 영입하면서)

"저는 컴퓨터 업계를 사랑합니다. 이 업계에 뼈를 묻을 생각입니다. 컴덱스를 좋아합니다."(미국의 인터페이스사에 전시회 부문인 컴덱스를 매수하겠다고 제안하면서 책임자인 제이슨 처드노프스키에게)

"제게는 일본에서 사업을 유리하게 펼쳐나갈 수 있는 비책이 있습니다. 지금은 말씀드릴 수 없습니다만…."(뉴스 코퍼레이션의 루퍼트 머독 회장에게 위성 디지털 방송 사업을 공동으로 하자고 제안하면서)

## 신용을 위해서는 거금도 아끼지 않는다

다음은 두 번째 문자인 신(信), 즉 '신의, 신념, 신용'이다.

신뢰 관계는 일단 손상되고 나면 회복하기가 매우 어렵다. 기업에 따라서는 도산이라는 중대 사태에 처할 위험조차 있다. 공자도 '민무신불립'이라는 말로 신뢰를 강조하지 않았던가.

2004년 2월, ADSL 서비스를 제공하는 야후 BB에서 고객의 개인정보가 유출되는 사건이 일어났다. 같은 달 27일, 손정의는 이 사건에 대해 소프트뱅크 BB의 대표이사 사장 겸 CEO로서 솔직하게 사죄했다.

"야후 BB 고객 여러분과 관계자 여러분에게 심려를 끼쳐 진심으로 죄송합니다."

그리고 이렇게 말했다.

"비 온 뒤에 땅이 굳는다는 마음가짐으로 철저히 관리하겠습니다."

손정의는 전날인 26일 유럽에서 귀국했으며, 귀국하자마자 야후 BB의 개인정보 유출 사건에 대한 대책을 지시했다. 그리고 다음 날인 27일 사죄와 함께 이렇게 발표했다.

"야후 BB의 데이터베이스에서 회원의 개인정보 451만 7,039건이 유출된 것을 확인했습니다."

유출된 개인정보는 신청했을 때의 주소, 성명, 전화번호, 이메일 주소, 신청일 등이며 신용카드 번호 등의 신용정보는 유출되지 않았다. 소프트뱅크 BB에 따르면, 당시 회사 데이터베이스에는 현재 회원과 해약자를 포함해 670만 명의 개인정보가 보관되어 있었다고 한다.

소프트뱅크 BB는 야후 BB의 모든 회원과 해약자 등에게 500엔 상당의 우편환을 송부한다고 발표했다. 여기에는 40억 엔 가까운 비용이 들어갈 것으로 계산되었지만, 손정의는 '잃어버린 신용을 되찾을 수 있다면 40억 엔도 아깝지 않다'고 생각한 것이 틀림없다.


## 리더는 때때로 엄격해야 한다

또한 소프트뱅크는 다음과 같은 내용도 발표했다.

"사내 징계로 손정의 사장이 6개월간 50퍼센트 감봉, 미야우치 겐(宮內謙) 부사장 겸 COO와 쓰쓰이 다카시(筒井多圭志) CTO가 각각 3개월간 30퍼센트의 감봉 처분을 받았습니다."

이것은 이 단의 마지막 문자인 엄(嚴), 즉 '사랑하는 부하에게도 엄해야 할 때는 엄하게 대한다'를 실천한 사례라고 할 수 있다.

신상필벌이 엄정하지 않으면 리더십을 발휘할 수 없다. 그러므로 진정한 리더는 아무리 사랑하는 부하라 하더라도 때에 따라서는 엄격히 대해야 한다. 그냥 좋은 게 좋은 거라고 유야무야 넘어가서는 규율이 바로서지 않는다. 여기서 중요한 것은 자신이 모범을 보이는 것, 자신이 가장 큰 책임을 보여주는 것이다. 손정의는 이 원칙을 철저히 지켰다.

이처럼 재빠르고 엄정한 대처는 리더에 대한 원망을 부추기는 것이 아니라 오히려 리더를 더욱 신뢰하게 한다.


## 모두의 행복을 위해 일하라

이번에는 세 번째 문자인 인(仁), 즉 '사람들의 행복을 위해, 사람들에 대한 인애를 위해 일하거나 사업한다'로 돌아가자. 이 문자에는 직원에 대한 사랑, 파트너에 대한 사랑, 나아가서는 세상 사람들에 대한 사랑 등의 의미가 담겨 있다.

손정의는 다음과 같은 말을 자주 한다.

"우리는 사람들의 행복을 위해, 사람들에 대한 인애를 위해 정보 혁명을 진행하고 있다."

이것은 손정의가 소프트뱅크의 정체성, 즉 손정의 자신과 회사의 존재 의의·사명을 '사람들의 행복을 위해 공헌하는 것'에 뒀음을 말해준다.

손정의의 이 말은 메이지 시대의 문호(文豪) 고다 로한(幸田露伴, 1867~1947)의 주장을 떠올리게 한다. 그는 저서 《노력론努力論》에서 인생의 목적에 대해 이렇게 결론을 내렸다.

"식복(植福)이란 길경행복(吉慶幸福), 즉 길하고 경사스러우며 행복이 될 수 있는 물질이나 정취나 지식으로 인간 세상에 기여하는 것을 말한다."

그는 책에서 이른바 삼복(三福)을 주장했는데, 파트너에게 이익을 분배하는 것을 예로 들면 다음과 같은 의미다. 첫째는 석복(惜福), 즉 이익을 나누는 데 인색한 단계, 둘째는 분복(分福), 즉 이익을 평등하게 나누는 단계, 셋째는 식복, 즉 미래에 이르기까지 복이 생기도록 씨앗을 심는 단계다. 로한은 그중에서도 '식복'을 최고로 쳤다. 손정의가 꿈꾸는 정보 혁명도 식복을 목적으로 한다고 말할 수 있을 것이다.


## 퇴각하는 용기

네 번째 문자인 용(勇)은 '싸우는 용기'와 '물러나는 용기'라는 두 가지 용기를 의미한다.

손정의는 싸우는 용기보다 퇴각하는 용기를 내기가 더 어렵다고 말한다. 관성의 법칙까지는 아니라 하더라도, 일단 전진을 시작하면 그 움직임을 멈추기는 대체로 어렵다. 하물며 퇴각은 적에게 등을 보이는 것이기에 더더욱 어렵다. '퇴각은 수치다. 죽어도 그렇게는 할 수 없다'는 심리가 발동하기 때문이다. 그래서 대부분 사람은 물러나지 않고 계속 돌격하여 장렬하게 전사하는 것이 오히려 떳떳한 일이라고 생각한다.

그러나 손정의는 위험을 감지하면 망설임 없이 퇴각하는 것이 중요하다고 말한다. 깊게 들어가면 적에게 반격을 당해 아군이 전멸할 우려가 있기 때문이다.

손정의가 존경하는 오다 노부나가는 퇴각의 명수였다. 구 일본 육군사관학교의 교과서 《통수강령 統帥綱領》을 보면, '통수권자의 원류' 중 '13. 퇴각'에서 호쿠리쿠 지방에서 퇴각을 단행한 오다 노부나가에 대해 다음과 같이 기록되어 있다.

"그날 밤, 오다 노부나가의 진영에 우에스기 겐신의 편지가 도착했다. 편지에는 다음과 같이 적혀 있다.

'높으신 이름은 전부터 들어왔지만 이번에 처음으로 겨룰 기회를 얻어 기쁘오. 어지러운 전투 중에 엇갈리면 아쉬울 터이니 내일 묘시(오전 5시에서 7시 사이—옮긴이)에 가나즈가와로 나와주시오. 대장끼리 결전을 치릅시다.'

오다 노부나가의 진군은 극비리에 진행되어서 아군 중에서도 모르는 자가 많았다. 그런데도 겐신은 일찌감치 냄새를 맡고 결투장을 보낸 것이다.

드디어 천하 패권의 향방을 가르는 대결전이 벌어지기 직전이었다. '승리는 누구에게 돌아갈 것인가!'라며 모두가 마른침을 삼킬 일이었다. 그런데 놀랍게도, 오다 노부나가는 그날 밤 야음을 틈타 퇴각해버렸다. 날이 밝음과 동시에 이 사실을 안 겐신은 욕과 비웃음을 퍼부으며 맹렬히 추격했다. 하지만 오다 노부나가는 이를 따돌리고 퇴각에 성공했다. (…)

오다 노부나가는 이 시점에 겐신과 결전을 치르는 것이 어리석은 행동임을 깨달은 것이다. 그의 본래 목적은 교토를 손에 넣는 데 있었다. 이런 곳에서 시대의 맹장끼리 전투를 벌인다면 득보다 실이 많을 수밖에 없다. 설령 이기더라도 손해가 클 것이고, 시간도 낭비하게 된다. 그 사이에 제삼자가 어부지리로 교토를 점령할 우려가 있다. (…)

한참을 추격하던 겐신은 '오다 노부나가가 이렇게 약해빠졌을 줄이야. 천하는 이제 내 손에 들어온 것이나 다름없군'이라며 웃었다고 한다.

오다 노부나가의 퇴각은 세상 사람들의 웃음거리가 되었고, 다음과 같이 조롱하는 낙서까지 등장했다.

'우에스기를 만나면 오다도 까투리 신세
 달려드는 겐신 날아서 도망치는 노부나가'

그러나 이 불명예스러운 퇴각은 오다 노부나가에게 천하를 쥐여주었다. 그토록 남에게 지기 싫어하고 다혈질인 오다 노부나가가 용케도 꾹 참고 퇴각한 것이다. 나가시노에서 오다와 맞붙었던 다케다 가쓰요리와 비교하면 그 퇴각하는 용기에 '역시 명장!'이라는 감탄이 절로 나온다(다케다는 나가시노에서 참패를 당했음에도 무리한 진격을 거듭하다 가문을 몰락시켰다―옮긴이)."

오다 노부나가에 대해 공부한 손정의 역시 '퇴각의 명수'다. 지금부터 대표적인 두 가지 철수 사례를 소개하겠다.

### 나스닥 재팬 철수 사례

손정의는 전미증권업협회(NASD)가 일본 진출을 계획하고 있다는 정보를 입수했다. 이에 도쿄 주식시장에서 나스닥 재팬을 창설하는 데 관여해 일본 증권시장을 활성화하고 벤처 및 중소기업의 발전에 기여하자고 생각했다. 그러나 도쿄 증권거래소와 노무라증권 같은 대형 증권사의 저항에 부딪혀 도쿄에서 시장을 개설한다는 계획을 접어야 했다.

하지만 그는 계획을 완전히 포기한 것이 아니었다. 1999년 6월에 나스닥을 운영하는 전미증권업협회와 절반씩 출자해 나스닥 재팬 플래닝 주식회사를 설립했다. 그리고 오사카 증권거래소와 업무 제휴를 맺고 나스닥을 모방한 나스닥 재팬을 2000년 6월부터 공동 운영했다.

나스닥 재팬의 이사로 취임한 손정의는 1999년 12월에 열린 기자회견에서 다음과 같이 발표한 바 있다.

"개설 후 1년간 2,300개사 상장이 목표입니다."

그런데 시장 개설 시기가 IT 버블 이후 주식시장의 침체기와 겹치는 등 여러 이유로 2001년 말까지 수십억 엔의 누적 적자를 기록했다. 전미증권업협회와 소프트뱅크는 18억 7,500만 엔의 제삼자 할당 증자를 했다. 그러나 그런 노력에도 나스닥 재팬의 상장 회사 수는 98개사에 머물렀고, 상장 예정인 3개사를 더하더라도 목표치에 현저히 못 미쳤다. 2년이 지나도록 목표를 달성하지 못한 것이다. 결국 2002년 8월 16일에 개최된 임시 이사회에서 "현재의 경제 환경에서는 사업을 계속하기 어렵다고 판단해 영업 활동을 중단한다"라고 결의하고, 같은 날 이를 발표했다. 나스닥 재팬을 운영하는 오사카 증권거래소와의 업무 계약은 같은 해 10월 15일에 파기되었으며, 나스닥 재팬의 거래 업무는 오사카 증권거래소가 승계했다.

손정의는 이에 대해 사과했다.

"영업 정지 결의는 전미증권업협회의 의향을 받아들인 것입니다. 정말 죄송합니다."

전미증권업협회가 일본 시장에서 사실상 철수함에 따라 소프트뱅크도 손을 떼기로 했다. 손정의는 "결과적으로 시스템 투자 등의 부담이 컸다"며 예측이 안일했음을 인정했다.

그러나 소프트뱅크의 투자 전략은 달라지지 않는다는 점도 분명히 했다.

"나스닥 재팬사에 대한 소프트뱅크의 투자액은 약 20억 엔입니다. 이 결정이 실적에 끼치는 영향은 그 투자액의 범위로 한정

되며, 자금 조달 등 재무 활동에는 영향을 주지 않을 것입니다. 본업에 투자를 집중하고 해외 투자는 신중히 진행한다는 방침에는 변함이 없습니다."

**아오조라은행 철수 사례**

손정의는 2003년에 아오조라은행을 매각했는데, 그 이유에 대해 다음과 같이 설명했다.

"은행법이 개정되어 사업을 영위하는 회사가 은행의 주식을 20퍼센트 이상 보유하고 있으면 다시 인가를 받아야 하기 때문입니다."

2001년 11월에 은행법이 개정되었다. 이에 따라 타 업종이 은행업에 신규로 참가할 때는 은행의 건전하고 적절한 경영을 확보하기 위해 여러 규제를 받게 되었다. 원칙적으로 은행의 발행 주식 총수의 20퍼센트 이상을 보유하는 주주를 은행 주요 주주로 규정하고, 재무 건전성과 주식 소유 목적 그리고 사회적 신용 등을 바탕으로 적정성을 판단하게 되었다. 그리고 그 판단을 위해 은행 주요 주주에게 재무 상황에 관한 보고서를 요구하거나 현장 검사를 할 수 있게 했다. 이 때문에 손정의는 금융청의 현장 검사를 받을 가능성이 생긴 것이 싫었던 듯하다.

소프트뱅크는 아오조라은행을 조금이라도 비싸게 팔 수 있다면 외국 자본 펀드에라도 매각하려 했고, 결국 아오조라은행이 탄생한 지 1년 6개월 만에 철수를 결정했다.

아오조라은행은 2000년 9월 1일에 특별 공적 관리가 종료된 구 일본채권신용은행이 2001년 1월 4일부터 소프트뱅크와 오릭스, 도쿄해상화재보험 등의 출자를 통해 이름을 바꾸고 재출발한 것이었다. 세 회사의 출자 비율은 소프트뱅크가 48.87퍼센트, 오릭스와 도쿄해상화재보험이 각각 14.99퍼센트였다. 소프트뱅크는 가장 비중 있는 출자자로 당시 약 490억 엔을 투자했으며, 손정의는 다음과 같은 각오로 열의를 보였다.

"아오조라은행을 인터넷 관련 벤처 기업을 육성하는 메카로 만들고 싶습니다."

그가 내세운 비전과는 무관하게, 아오조라은행의 설립 초기에는 '기관 은행화' 설이 시중에 퍼지기도 했다. '사채와 은행 차입금 등을 상환하느라 자금 조달에 어려움을 겪고 있는 소프트뱅크에 은행 자금이 흘러들어 가는 것은 아닌가?' 라는 의심의 눈초리였다. 소프트뱅크 그룹이 아오조라은행을 자금줄로 쓸 것이라는 의미였다. 어쨌든 아오조라은행 건은 사업을 제대로 펼쳐보기도 전에 매각으로 마무리되고 말았다.

손정의의 철수는 신속하다. 말 그대로 '36계 줄행랑' 이다.

2011년 9월 2일, 손정의는 소프트뱅크 아카데미아에서 '위기 극복의 비결'이라는 주제로 강의를 했다. 이 강의에서 손정의는 도쿄 전력·마이크로소프트와 조인트 벤처로 시작한 스피드넷이 실패했을 때를 비롯하여 해외 투자에서 철수한 경험을 소개하며 이렇게 강조했다.

"철수하는 것이 가장 어렵습니다. 후방 부대가 가장 괴롭기 때문입니다. (…) 철수한다는 의사 결정은 빠르게 하는 것이 중요합니다. 의사 결정을 즉시 하지 않으면 더 큰 피해를 입어 돌이킬 수 없게 됩니다."

'손실은 빨리 끊어내는 것이 중요하다'는 결단의 비결을 이야기한 것이다.

손정의는 철수를 결정할 때 손의 제곱 법칙에 나오는 '류(流), 수(守), 신(信), 인(仁), 용(勇)'의 다섯 문자를 바탕으로 했다고 밝혔다. 즉 흐름을 거스르지 않는다, 수비가 중요하다, 조인트 벤처 상대의 신뢰를 배신해서는 안 된다, 사용자를 사랑해야 한다, 용기를 갖고 결정해야 한다는 점을 고려했다는 말이다.

# 6장

# 정정략칠투
# 頂情略七鬪
## 비전을 위해 싸워라

상식으로 생각해서 해결책이 나오지 않을 때는
절호의 찬스라고 생각하라.
상식으로 가능한 범위라면 결국 그것은 평범한 것이다.

둘째 단의 정정략칠투(頂情略七鬪)는 전부 손정의의 창작이다. 그 때문인지 소프트뱅크 아카데미아 개교식의 특별 강의에서도 이 다섯 문자를 해설할 때는 더욱 열정적이었다.

## 300년 비전을 세워라

먼저 첫 번째 문자인 정(頂), 즉 '비전을 가진다, 산의 정상에서 둘러본 경치를 상상한다' 부터 살펴보자. 2장에서도 이야기했듯이 손정의가 말하는 '비전을 가진다' 의 의미는, 원래는 산의 정상에 올라가야 비로소 보이는 경치를 오르기 전에 상상하는 것이다.

"10년 뒤, 20년 뒤, 30년 뒤에는 어떤 세상이 될 것인가? 그 세상 속에서 소프트뱅크는 어떻게 되어 있을 것인가?"

소프트뱅크를 창업했을 때 손정의는 자신에게 이 질문을 수없이 던지고, 그 이미지를 선명히 그려내고자 필사적으로 고민했다. 그리고 다음과 같은 두 가지 30년 비전을 내걸었다.

① 마이크로프로세서가 인간의 미래를 크게 바꾼다.
② 매출을 조 단위로 세야 하는 기업이 된다.

약 30년이 지난 지금, 이 비전들은 정말로 현실이 되었다.

손정의는 2010년 6월 25일에 열린 제30회 정기 주주총회에서 앞으로 30년의 비전인 '소프트뱅크 신 30년 비전'을 발표했다.

먼저 손정의는 '정보 혁명으로 사람들을 행복하게 한다'라는 소프트뱅크의 이념을 다시 한 번 설명했다. 그런 다음 비전의 설명으로 넘어갔는데, 여기에서 손정의가 제일 먼저 이야기한 것은 '30년 뒤의 비전'이 아니라 무려 '300년 뒤의 비전'이었다.

"300년 전에 기계가 인류의 삶을 크게 바꾼 패러다임 전환이 있었습니다. 다음 300년 사이에 테크놀로지는 어떻게 진화할 것이며, 인류의 삶의 방식은 어떻게 바뀔까요?"

이 질문에 대한 답이 소프트뱅크의 홈페이지에 실려 있는데, 한마디로 장대하다고 할 만하다.

그는 "300년 뒤의 비전에 대해 이야기하고 나면, 30년 뒤의 비전은 참으로 현실적으로 보일지도 모릅니다"라고 전제한 다음 이렇게 소개했다.

"30년 뒤, 컴퓨터 칩 하나에 들어 있는 트랜지스터의 수는 뇌세포의 10만 배가 될 것입니다. 또한 그 칩은 현재 메모리 용량의 100만 배가 되며, 현재의 300만 배나 되는 속도로 통신할 수 있게 될 것입니다. 그러면 어떻게 될까요? 30년 뒤의 아이폰에는 노래가 5,000억 곡, 신문 기사 데이터라면 3.5억 년분, 동영상도 3만 년분이 들어가게 될 것입니다. 살아 있는 동안 전부 볼 수도 없을 만큼의 정보가 3만 엔 정도의 손바닥만 한 단말기에 들어가게 됩니다. 실질적으로 무한대의 정보·지식·지혜를 담을 수 있는 저장장치가 생기는 것입니다. 또한 음악은 1초에 30만 곡 분량의 데이터를 클라우드(인터넷상의 대형 컴퓨터)로부터 내려받을 수 있게 될 것입니다. 삶의 방식이 극적으로 변하는 것이지요."

그렇다면 삶의 방식이 구체적으로 어떻게 변할까? 손정의는 이렇게 말했다.

"30년 뒤에는 안경이나 신발에도 처리 속도와 기억 용량 또는 통신 속도가 지금의 100만 배 정도 되는 칩이 들어갈 것입니다. 그렇게 되면 '앞으로

53보 더 걸으십시오'와 같이 건강관리를 해주는 신발이나 외국인이 하는 말을 자동으로 번역해서 영화 자막처럼 표시해주는 안경이 등장할지도 모릅니다."

한편 소프트뱅크 그룹은 30년 뒤에 5,000개사로 늘어나고 시가총액은 세계 10위 안에 들어가는 200조 엔에 달할 것이라고 한다.

손정의는 반드시 달성할 수 있고, 달성해야 한다고 생각하고 있다. '이렇게 되었으면 좋겠다' 같은 느슨한 마음가짐이 절대 아니다. 그의 비전이 대단한 점은 그 장대함도 물론이지만, 반드시 달성할 목표와 명확한 최종 기한을 정하고 무슨 일이 있어도 달성하겠다는 강한 의지를 보인다는 데 있다.

참고로, 소프트뱅크의 홈페이지에 나와 있는 해설의 마지막 부분에는 이렇게 적혀 있다.

"이상이 소프트뱅크의 신 30년 비전입니다.

오직 이 한 가지를 위해 생각했습니다. 그리고 실행할 것입니다.

'정보 혁명으로 사람들을 행복하게.'"

예전에 인터뷰했을 때 손정의는 리더가 비전을 가지는 일의 중요성에 대해 이렇게 역설했다.

# 30년 뒤(2040년)의 세계

## 컴퓨터는 어디까지 진화할 것인가?

| | 2010년 | | 2040년 |
|---|---|---|---|
| CPU(트랜지스터 수) | 30억 개 | 100만 배 | 3,000조 개<br>(인간 뇌세포의 10만 배) |
| 메모리 용량 | 32GB | 100만 배 | 32PB |
| 통신 속도 | 1Gbps | 300만 배 | 3Pbps |

## 3만 엔짜리 단말기에 보관 가능한 콘텐츠

| | 2010년 | 2040년 |
|---|---|---|
| 음악 | 6,400곡 | 5,000억 곡 |
| 신문 | 4년분 | 3.5억 년분 |
| 영화 | 4시간분 | 3만 년분 |

(출처: 소프트뱅크 신 30년 비전 제작 위원회 편저 《소프트뱅크 신 30년 비전》)

"어떤 회사에 새로운 사장이 취임했다는 말을 듣고 그 사장에게 가봅니다. 그리고 '기분이 어떠십니까?'라고 물어보면 일본의 사장들은 대부분 '생각지도 못했는데 사장이 돼서…'라든가 '뜻하지 않게 사장이 돼서…'라는 상투적인 문구를 꺼냅니다. 그런데 한 말씀 드리자면, 생각지도 못했는데 사장이 되어서는 안 됩니다. 뜻하지 않게 사장이 되어서는 안 됩니다. 사장이 될 뜻이 없었던 사람은 사장이 되어서는 안 됩니다. 정말 그렇다면 직원들이 불쌍하지요."

손정의의 열변은 계속되었다.

"다음에는 '포부를 말씀해주십시오'라고 물어봅니다. 그러면 대부분의 사장은 '인화'라고 말합니다. 정말로 대부분이 그렇게 말합니다. 그리고 다음으로 하는 말은 '고객'입니다. 또 그다음에는 '회사의 기술'이라든가 '회사의 브랜드' 또는 '회사의 전통'을 말합니다. 대부분 틀에 박힌 답변입니다. 얼굴만 다를 뿐 하는 말은 거의 비슷합니다. 또 그것을 당연하게 생각해왔습니다. 하지만 정말 그래도 되는 것인지 저는 의문을 느낍니다."

최고 경영자가 어떤 비전을 제시하느냐에 따라 조직이 힘을 발휘하는 방식은 크게 달라진다. 조직 구성원에게 의욕을 북돋워주는 비전이라면 그들은 자신의 모든 능력을 발휘한다. 1,000

명이 10퍼센트씩 힘을 더 내면 100명이 늘어난 것과 다름이 없다. 그러나 그 반대의 경우도 있다.

"사장의 그릇이 아닌 사람이 사장이 되면 무리는 어려움에 처합니다. 고객에게도 좋은 일이 아닙니다. 어쩌다 보니 또는 운이 좋아서 사장이 되었다고 말하는 사람은 진심으로 회사를 생각하지 않는 게 아닐까요?"

손정의는 소프트뱅크 아카데미아 개교식의 특별 강의에서도 이때의 발언과 같은 취지의 이야기를 했다.

"뜻하지 않게 사장이 되었다면 그 부하들이 불쌍합니다. 어쩌다 보니 된 사장은 부하를 길거리로 내몹니다. 그런 사람에게 비전이 있을 리가 없기 때문입니다. 비전은 갑자기 떠오르지 않습니다. 평소에 생각하고 또 생각하고, 머리가 터지도록 생각해야 겨우 떠오릅니다. 2~3일 정도 생각했더니 번쩍하고 떠오를 만큼 간단한 것이 아니라는 말입니다."

## 정보 수집에 힘을 쏟아라

두 번째 문자인 정(情), 즉 '비전이 올바른지 검증하기 위해 정보를 철저히 수집한다' 로 넘어가자.

손정의는 소프트뱅크를 창업하기 전에 1년 반 동안 인생을 걸 가치가 있는 사업을 모색했다. 그때 자기 나름대로 하고 싶은 사업을 40가지 정도 생각했다고 한다. 하나같이 아직 아무도 시도하지 않은 완전히 새로운 관점의 비즈니스 모델이었다. 그는 그 40가지에 대해 사업 계획을 열심히 작성했을 뿐만 아니라 그 계획이 성공할 수 있을지도 철저히 조사했다.

이에 대해 손정의는 소프트뱅크 아카데미아 개교식의 특별 강의에서 다음과 같이 소개했다.

> "하나하나의 사업에 대해 10년분의 사업 계획을 세웠습니다. 예상 자금 조달표, 예상 손익계산서, 예상 대차대조표, 예상 인원 계획, 예상 매출 그리고 당연히 시장 점유율 같은 것까지 조사했습니다. 나아가 경쟁사가 될 것으로 보이는 회사의 규모, 비즈니스 모델, 매출, 이익, 대차대조표도 철저히 조사했지요. 하나의 비즈니스 모델에 대해 높이 1미터 이상의 자료를 모을 만큼 열심히 조사했습니다."

그러다가 조금 지나면 좀 더 좋은 아이디어가 떠오른다. 그러면 다시 처음부터 사업 계획을 짜고 조사도 다시 한다. 이러기를 40번 반복한 뒤에, 진정으로 자신의 인생을 걸기에 부족함이 없는 사업은 무엇일지 판단하기 위해 체크 리스트를 만들었다. 이 체크 리스트는 25가지 의사 결정 요인을 정리한 것으로, 예를 들면 다음과 같은 내용이다.

- 내가 50년 동안 질리지 않고 모든 능력과 지혜를 쏟을 수 있으며, 더욱 깊은 흥미를 느껴 계속 열중할 수 있는 일인가?
- 다른 누구도 생각하지 못한 독특한 비즈니스인가?
- 10년 이내에 적어도 일본에서 1등이 될 수 있는 비즈니스인가?
- 확실히 수익을 올릴 수 있는가?
- 시대의 흐름에 맞는 비즈니스인가?

손정의는 정보 수집 결과를 바탕으로 이 체크 리스트를 사용해 40가지 사업에 각각 점수를 매겼다. 그리고 그 결과 선택한 것이 소프트뱅크였다. 입이 다물어지지 않을 만큼 엄청난 끈기와 노력으로 마침내 찾아낸 보물이라 하겠다.

우수한 리더는 정보를 보물처럼 귀하게 여긴다. 그래서 정보 수집에 들어가는 인재와 자금을 아까워하지 않는다. 그렇지 않으면 일급 정보를 입수할 수 없기 때문이다. 그들은 정보도 없이 비즈니스에 임하는 것은 위험한 행동임을 잘 알고 있다. 손무도《손자》제13편 용간(用間) 편에서 "정보 수집과 모략 활동에 힘을 쏟아라"라고 말했다. 여기에서 간(間)은 첩자, 스파이를 뜻한다.

① 작록(爵祿: 관직·작위와 봉록—옮긴이) 백금이 아까워 적의 정보를 알려 하지 않는 것은 불인(不仁)의 소치다(정보를 입수하는 데 자금을 아까워하는 리더는 리더로서 실격이다).

② 총명한 군주와 현명한 장수가 움직이면 반드시 승리하고 성공하는 데 그 까닭은 선지(先知), 즉 먼저 아는 데 있다(우수한 리더가 싸움에서 이기는 이유는 적보다 먼저 적의 동향을 파악하기 때문이다).

③ 선지는 귀신에게서 얻는 것도 아니고 다른 사례에서 헤아리는 것도 아니며 법칙에서 추측하는 것도 아니다. 사람을 써서 적의 정보를 아는 것이다(정보는 어디까지나 '사람의 입을 통해 획득할 수 있는 것'이며, 신에게 빌거나 점괘에 의지해서는 안 된다. 경영자는 금리, 환율, 주가, 시장 상황 등의 동향에서 눈을 떼지 말아야 한다. 시장의 동향을 정확히 파악하지 못하면 경쟁에서 지고 만다).

④ 다섯 종류의 간자는 군주의 보배다(스파이는 리더의 보물이다). 손무는 스파이를 이용하는 정보 수집 방법으로 다음의 다섯 가지가 있다고 말했다.

- 향간(鄕間): 적국의 민간인을 이용해 정보를 모은다.

- 내간(內間): 적국의 관리를 매수해 정보를 모은다.
- 반간(反間): 적의 스파이를 회유해 우리 편의 스파이로 역이용한다.
- 사간(死間): 죽음을 각오하고 적국에 잠입해 거짓 정보를 흘린다.
- 생간(生間): 적국에서 살아 돌아와 정보를 알린다.

《손자》 제9편 행군(行軍) 편은 '작전 행동의 마음가짐과 적정 탐색의 비결'을 설명한 것이다. 작전 행동의 마음가짐은 진지를 구축하는 법, 진군하는 방법에 관한 것이다. 예를 들어 적이 이미 높은 지대에 있을 때는 낮은 곳에서 높은 곳으로 올라가며 싸워서는 안 된다. 병력 손실이 커질 위험이 있기 때문이다. 적정 탐색의 비결은 징후 감지법을 말한다. 눈에 보이는 현상 또는 징후로부터 그 배후의 본질을 간파하는 것이다. 이는 부하를 통솔하는 데 반드시 필요하다.

미야모토 무사시(宮本武藏, 1584~1645)는 《고린쇼五輪書》 '물의 권(卷)'에서 이렇게 말했다.

"관(觀)의 눈과 견(見)의 눈이 있으니 관의 눈을 강하게, 견의 눈을 약하게 하라. 먼 곳을 가깝게 보고, 가까운 곳을 멀게 보라. 이것이 병법이다."

사물을 볼 때는 항상 거시적인 눈과 미시적인 눈이라는 두 가지 시각으로 보는 것이 중요하다는 얘기다. '관'은 마음으로 보는 것으로 불교의 관지(觀智), 즉 사물 일체를 관찰해 근본 이치를 깨닫는 지혜를 의미한다. 한편 '견'은 눈으로 보는 것이다. 전투를 할 때는 크고 넓게 살피며 관의 눈을 강하게 하고 견의 눈은 약하게 함으로써 먼 곳을 정확히 파악하고 주변의 움직임에서 대국(大局), 즉 커다란 판국을 감지해야 한다. 눈동자를 움직이지 않고 양쪽을 보는 것도 중요하다고 미야모토는 말했다.

이를 경제 활동에 적용하면 비즈니스도 거시적으로 파악하고 미시적으로 생각해야 한다는 의미가 된다. 세상의 움직임이나 경제 변동, 경기 순환, 주가·환율·금리·땅값 등의 동향, 또는 소비자의 기호 변화, 패션이나 상품의 유행, 히트 상품의 트렌드 등 대국을 주시하는 것이 중요하다는 말이다.

## 프로야구를 이용해 기업의 이미지를 높이다

다음은 세 번째 문자인 략(略), 즉 '비전을 실현하기 위한 전략'이다.

비전을 만들고 정보를 철저히 모았다면 다음에는 무엇을 해야 할까? 온갖 선택지를 생각해낸 다음, 그중에서 비전 실현에 최단 거리가 되는 한 수를 찾아내야 한다. 이는 곧 전략을 의미한다.

당연한 말이지만, 어떤 비전을 실현하고자 할 때 아무런 전략도 없이 무작정 이 방법도 써보고 저 방법도 써봐서는 시간이 아무리 많아도 부족할 수밖에 없다. '전략 없는 전술(실천)'은 멀리 돌아가는 결과를 낳는다.

오다 노부나가는 전략의 중요성을 누구보다 잘 알았던 인물이다. 오다 노부나가는 자신의 영지인 오와리에서 수도인 교토를 향해 일직선으로 선을 긋고, 그 선을 따라 공격하며 진지를 확대해나갔다. 그 외의 지역과는 동맹을 맺고 될 수 있으면 싸우려 하지 않았다. 한편 다케다 신겐은 자신의 영지인 가이 지방을 중심으로 사방에 싸움을 걸었고, 에치고의 우에스기 겐신은 교토와는 정반대 방향인 간토 지방과 가이 지방으로 출진해 싸우느라 정신이 없었다. 즉 자신의 진지를 어떻게 지킬 것인가, 자신의 진지를 어떻게 조금씩 확대해나갈 것인가에만 집중했다. 계획성이 없었던 것이다. 그 결과 천하를 잡기 위해 교토를 노리는 타이밍이 크게 늦어져 중앙 무대와는 인연이 없는 인생을 살게 되었다. 그런 점에서 오다 노부나가는 영리했다.

그런 오다 노부나가의 영향인지, 손정의는 지금까지 매우 훌륭한 전략을 세워왔다. 그 한 가지 예가 2004년의 후쿠오카 다이에 호크스(현재 후쿠오카 소프트뱅크 호크스) 매수다.

당시 소프트뱅크는 약 500만 건의 ADSL 접속회선을 보유하고 있었다. 후발 주자이면서도 저렴한 요금과 모뎀 무료 배포 등으로 35.2퍼센트의 점유율을 차지해 NTT 그룹(37.2퍼센트)에 버금가는 지위를 구축한 상태였다. 그러나 손정의는 이 성공에 만족하지 않고 ADSL 등의 브로드밴드(고속 대용량) 통신에서 일반 전화와 휴대전화로 사업을 급속히 확대하는 길을 택했다. 2004년 7월에는 통신 회사인 니혼 텔레콤(현재 소프트뱅크 텔레콤)을 약 3,400억 엔에 매수해 자회사로 만들었다. 당시 니혼 텔레콤은 기본요금과 통화료가 NTT보다 저렴한 일반 전화 서비스를 갓 시작한 시점이었다. 또한 휴대전화 사업에도 신규 참가를 신청했다. 즉 손정의는 브로드밴드와 일반 전화, 휴대전화 분야에서 NTT 그룹에 정면으로 도전한다는 자세를 내비쳤다.

다만 ADSL 신규 고객 확보를 위해 연간 1,000억 엔을 쏟아 붓고 있는 상황에서 저가 일반 전화와 휴대전화 사업까지 시작하면 고객을 확보하는 데 드는 비용이 급격히 불어날 것으로 예상되었다. 이에 손정의가 '국민적 스포츠인 프로야구에 참가해 기업의 인지도와 브랜드 이미지를 단숨에 높인다'는 전략을 세운 것이다.

2004년 12월 24일, 후쿠오카 다이에 호크스의 매수가 정식으

로 인가되었다. 이후 손정의는 새로운 구단인 후쿠오카 소프트
뱅크 호크스를 고객 확보에 최대한 활용했다.

그로부터 한 달 전에 열린 기자회견에서 손정의는 이렇게 말
했다.

"휴대전화 시장에 신규로 참가하게 되면 휴대전화에서도 소
프트뱅크의 브랜드를 전면적으로 내세우려 합니다. 다른 브랜드
로 영위하고 있는 사업 역시 가능한 한 친화성을 높여나갈 것입
니다."

구단명은 500개가 넘는 후보를 검토한 결과 소프트뱅크라는
사명을 활용하기로 했다. 구단명과 사명을 일치시킨 이유도 명
백했다.

"전 국민에게 (야구를 통해 회사를) 알리고 싶다는 생각에서였습
니다."

손정의는 통신 사업 분야의 치열한 경쟁에서 승리하기 위해
프로야구의 전국적 지명도와 활기찬 이미지가 필요했던 것이다.

"구단이 연간 10억 엔의 적자를 내더라도 지명도 향상으로 고
객 확보 비용을 10퍼센트 줄일 수 있다면 그룹 전체의 경영 측면
에서는 오히려 이익입니다."

구단과 흥행권을 매수하는 데 200억 엔이 들었고 후쿠오카 돔
을 임대하는 데 연간 48억 엔이 필요하지만, 손정의는 "사업 확

대로 이어진다면 절대 비싼 가격이 아닙니다"라며 여유 있는 모습을 보였다.

실제로 후쿠오카 돔에서 호크스의 경기가 열리면 30대나 되는 TV 카메라를 동원해 경기를 중계하며, 이것을 브로드밴드의 유력 방송으로 활용했다(현재는 하지 않는다). 이제 후쿠오카 소프트뱅크 호크스는 소프트뱅크의 성장 전략에서 없어서는 안 될 존재가 되었다.


## 승률 70퍼센트를 확신할 때 시작하라

칠(七), 즉 '승률이 70퍼센트일 때 승부한다'를 보자. 손정의는 7을 매직 넘버로 삼고 있다. 그 이유는 무엇일까? 〈프레지던트〉 기사에서 이렇게 설명했다.


"이길 확률과 질 확률이 반반일 때 싸움을 거는 자는 어리석다. 승률이 10퍼센트나 20퍼센트라면 말할 필요도 없다.

그러나 반대로 나는 승률 90퍼센트라는 숫자가 70퍼센트보다 좋다고는 생각하지 않는다. 이것이 핵심이다. 그 이유는 무엇일까? 우리 디지털 정보 산업계에서는 승률이 90퍼센트가 되었을 때 움직여서는 너무 늦기 때문이다. 승률 90퍼센트를 추구하면 이론상으로는 싸움의 진형을 완벽히 갖출 수 있을 것이다. 하지만 막상 용기를 내어 참전했을 때는 이미 싸움이 끝난 후일 수가 있다. (⋯)

'군대는 빠르게 움직여야 하는(작전 편)' 것이다. 그러므로 70퍼센트의 승률에 눈금을 맞추고 70퍼센트까지의 요소가 갖춰지면 재빨리 행동을 시작한다.

동시에 사업을 리스크에 노출하는 것은 영위 중인 사업의 30퍼센트 이하로 억제하고, 신규 사업에 대해서도 실패할 확률을 30퍼센트 이하로 억제하도록 눈금을 맞춰야 한다."

손자병법에는 '승산이 많으면 이기고 승산이 적으면 진다'라고 나온다. 승산을 높여두는 것이 가장 좋은 승리법이라는 말이다. 승산을 높이려면 '정확한 상황 판단'을 바탕으로 '정확한 정보'를 얻는 방법밖에 없다.

그러나 돌다리도 두드려본다는 생각으로 이길 확률이 더 높아지기를 무작정 기다리다가는 닭 쫓던 개 지붕 쳐다보는 꼴이 될 위험이 있다. 손정의는 다음과 같은 말로 타이밍의 중요성에 대해서도 말했다.

"승률 90퍼센트가 됐을 때 싸우려 해서는 너무 늦다. 세계와 경쟁하고 있으므로 총잡이처럼 재빨리 쏘지 않으면 승률이 아무리 높았다 해도 실전에서 이긴다는 보장은 없다."

핵심은, 승률을 파악하고 시기를 살펴서 단숨에 승부를 걸어야 한다는 말이다.

'그런데 승률이 70퍼센트인지는 어떻게 판단해야 하는가? 아무리 정보를 수집한들 지금의 승률이 70퍼센트인지 어떤지 객관적으로는 알 수가 없잖은가?'

이렇게 생각하는 사람도 있을 것이다. 옳은 지적이다. 객관적으로 그것을 알 방법은 없고, 분명히 마지막에는 본인의 주관으로 판단해야 한다. 다만 소프트뱅크 아카데미아에서 손정의가 한 말을 가슴에 새겨두면 좋을 것이다.

"70퍼센트 이상 이길 수 있다는 확률은 당신의 주관으로 판단하게 되죠. 그래서 '아, 이제 승률이 70퍼센트는 되겠구나'라고 혼자 생각하고 그대로 믿어버리는 경우가 많으니 조심해야 합니다. '이제 승률이 70퍼센트는 됐구나. 승산은 충분해'라고 말이지요. 경솔하게 70퍼센트라고 착각해서는 안 됩니다. '틀림없이 70퍼센트 이상'이라는 확신이 있어야 합니다. '어쩌면 70퍼센트일지 몰라'가 아닙니다. 생각하고 또 생각해봤지만 아무리 생각해도 같은 결론이 나오는, 그런 70퍼센트여야 합니다. 집념이 들어간 70퍼센트여야 합니다. 대충 '뭐, 70퍼센트면 된다고 손정의가 말했으니까'라고, '아마도 이 정도면 70퍼센트겠지'라고 가벼운 마음으로 결정해서는 안

## '승률 70퍼센트'가 승부를 걸 타이밍

| 승률 50퍼센트 |  | 아직 리스크가 너무 크다. ✗ |
| --- | --- | --- |
| 승률 70퍼센트 |  | 바로 지금이다. → 싸움에 임한다. ○ |
| 승률 90퍼센트 |  | 너무 늦다. ✗ |

### 주의!
안이하게 '70퍼센트'라고 판단해서는 안 된다.

됩니다. 생각하고 또 생각한 결과 승률이 70퍼센트임을 확신할 때 행동하
시기 바랍니다."


## 행동하지 않는 지혜는 무의미하다

이 단의 마지막 문자인 투(鬪), 즉 '목숨을 걸고 싸울 때 비로소
비전을 실현할 수 있다' 에 관해 설명하겠다.

손정의는 〈프레지던트〉의 기사에서 이 문자에 대해서도 열변
을 토했다.


> "역설적으로 들리겠지만, 나는 '지혜는 곧 싸움' 이라고 이해하고 있다. 그
> 래서 여기에 '투' 라는 문자를 넣었다. 싸움에서 이길 것을 전제로 한 지혜
> 가 아니면 탁상공론에 빠지기 쉽기 때문이다."


지혜는 곧 싸움이 아닌 사람은 이른바 평론가다. 그런 사람에
대한 손정의의 평가는 혹독하다. 다시 소프트뱅크 아카데미아
개교식의 특별 강의를 인용하겠다.


> "간혹 보면 '그런 건 다 알아', '나도 알고 있었어' 라는 말을 자주 하는 사

람이 있지 않습니까? 전형적인 예가 평론가들이지요. 아주 뭐, 거만한 태도로 이러쿵저러쿵 말하지요. 컨설턴트들도 잘난 듯이 이러쿵저러쿵 말을 합니다. 그런데 그런 사람들일수록 '그러면 직접 해보시오'라고 말하면 '아니, 그건 제 분야가 아니라서…'라며 꽁무니를 뺍니다. 그런 사람을 보면 이렇게 말하고 싶어집니다. '이보시오, 적당히 좀 하시오! 말로만 하니까 간단하지!'라고 말입니다. 자신이 싸워서 이뤄내겠다는 자신감이 없으면, 이뤄내겠다는 각오가 없으면 아무리 고매한 이론도 무책임한 이론일 뿐입니다. 고매한 전략도, 비전도 말로만 하기는 쉽습니다. 트위터에 두 줄 정도 끼적이면 되니까요. 말로만 한다면 말입니다."

이상에서도 느껴지듯이 손정의는 공격 정신이 왕성하다. 하지만 그렇다고 해도 항상 승승장구할 수만은 없다. 곳곳에서 새로운 장애물이 나타나 앞길을 가로막는다. 말 그대로 장애물 경주다. 그럴 때마다 손정의는 용기를 내고 지혜를 짜내며 땀과 눈물을 흘리면서 열심히 노력하여 그 장애물을 극복해왔다. 손정의가 이런 고난과 어떻게 '싸워왔는지' 소개하려 한다.

손정의는 장애물이 나타날 때마다 그 문제를 해결하는 데 몸과 마음을 다 바쳐서 돌파해왔다. 그 문제 해결의 프로세스는 다음과 같이 세 가지 절차로 구성되어 있다.

- 절차 1: 적과 아군을 명확히 한다.

- 절차 2: 충돌 구조를 파악한다.

- 절차 3: 문제 극복 방법에 따라 싸운다.


이를 순서대로 처리함으로써 문제 해결에 다가가는 것이다. 각 절차를 자세히 살펴보면 다음과 같다.


### 문제 해결 절차 1: 적과 아군을 명확히 한다

먼저 적과 아군을 명확히 해야 한다.

문제 해결을 '추진하는 입장', 또는 반대로 '가로막는 입장'으로는 어떤 것들이 있을까? 구체적으로는 다음과 같은 것들을 들 수 있다.


① 인간

② 인간 집단의 요소

③ 비인간적 요소: 법률, 제도, 설비, 도구, 동물, 시스템 전반 등. 그 밖에 병이나 신체의 이상 등


문제를 해결하려고 하는 사람에게 '추진 요소'는 아군(동지, 협력자)이며, '장애 요소'는 적 또는 상대(상대 협력자)다. 문제를 해결

하려고 하는 사람의 주위에는 수많은 관련자가 있다. 따라서 그 점을 먼저 알고, 그들과의 관계를 확실히 정리해둬야 한다. 그런 다음 전진을 가로막는 입장으로 작용하는 것에 대처한다.

이렇게 해서 추진하는 입장(요소)과 가로막는 입장(요소)의 충돌 구조를 명확히 한다. 이 충돌에는 명확히 드러나는 충돌도 있고 표면상으로는 보이지 않는 잠재적 충돌도 있다. 아무리 노력해도 문제가 해결되지 않을 때가 종종 있는데, 이런 일은 가로막는 입장의 힘보다 추진하는 입장의 힘, 특히 의욕이 약할 때 자주 일어난다.

### 문제 해결 절차 2: 충돌 구조를 파악한다

둘째로 다음의 세 가지 기준에 따라 근본적인 관계를 명확히 함으로써 충돌 구조를 파악한다.

① 전략(목표)이 완전히 똑같은 입장(요소)은 '동지'다. 일체적 공동체를 이룬다.

② 전략이 다르거나 일치하지 않는 입장은 '협력자'가 될 수 있다. 타협이나 협조를 꾀해야 한다.

③ 기본적으로 전략을 서로 가로막는 입장만이 '적', 즉 싸울 상대다. 양보는 불가능하며, 맞서 싸워 승리해야 한다.

## 문제 해결 절차 3: 문제 극복 방법에 따라 싸운다

이런 관계를 파악했으면 세 번째로 문제 극복 방법에 따라 싸움을 해나간다. 이때 다음과 같은 가장 중요한 지침을 염두에 두어야 한다.

- 지침 1: 추진 요소(아군 요소)를 집결시키고 장애 요소(상대 요소)를 고립·분단시켜야 한다. 반대가 되어서는 절대로 안 된다.
- 지침 2: 이길 수 있는 조건이 갖춰졌을 때만 직접 맞붙어야 한다. 철저히 준비하며 타이밍을 선택한다.
- 지침 3: 장애 요소 측의 약한 부분(불리한 측면)에 추진 요소 측의 강한 부분을 맞붙여야 한다. 반대가 되어서는 절대 안 된다.

이 방침들은 손정의가 지금까지 직면하고 극복해온 난관 극복·위기 돌파 방법에서 도출된 것이다. 손정의는 수많은 시행착오를 거듭하면서 비즈니스라는 전쟁터에서 살아남는 방법을 터득해왔다.

# 위기를 최고의 기회로 만들다

손정의식 난관 돌파와 극복 노하우를 구체적으로 살펴보자.

**좌절된 교사의 꿈을 사업가로 바꾸다**

초등학생 때 손정의의 장래 희망은 학교 선생님이었다. 그래서 교사가 되기 위해 교원 코스가 있는 학교에 들어가려고 했다. 그러나 재일 한국인 3세인 까닭에 일본의 국공립 초·중·고등학교의 교사가 될 수 없었다. 손정의는 중학교 3학년 때 이 사실을 알았고, 그 순간 꿈을 빼앗겼다는 생각에 절망의 구렁텅이로 떨어지는 기분이 들었다.

**문제 해결 절차 1: 적과 아군을 명확히 한다**

'교사가 되고 싶다는 꿈'을 안고 있던 손정의의 앞길을 가로막는 장애 요소는 '한국 국적'이었다. 손정의는 장애 요소가 된 한국 국적을 좀 더 파고들어 보았다. 그러고는 진짜 장애 요소가 일본의 법률 또는 제도임을 깨달았다. 이것은 '비인간적인 요소'의 일종으로 손정의가 마주한 적의 정체였다.

## 문제 해결 절차 2: 충돌 구조를 파악한다

'손정의의 한국 국적 vs. 일본의 법률' 이 앞날을 가로막는 커다란 장애물이었다. 여러 가지 조사를 해봤지만 항상 국적이 걸렸다. 포기하기는 싫었지만, 여기에서 포기할 수밖에 없었다. 손정의는 '국적 따위에 나의 미래가 좌우되다니, 도저히 이해할 수 없어' 라며 일주일 내내 고민에 빠졌다.

## 문제 해결 절차 3: 문제 극복 방법에 따라 싸운다

천성적으로 밝고 낙천적인 손정의는 이 난관을 어떻게든 극복하고자 시도했다. 그래서 아버지를 찾아가 이렇게 말했다.

"국적을 바꾸고 싶어요."

그러면서 그는 단식 투쟁을 벌였다. 일본으로 귀화하자고 조른 것이다. 손정의는 목욕탕, 심지어 화장실까지 따라다니며 아버지를 졸랐다. 그러자 아버지는 이렇게 말했다.

"한국 국적으로도 선생님이 될 수 있잖니?"

손정의는 반론했다.

"학생이 적은 곳에서 가르치고 싶지 않아요. 기왕 가르칠 거면 학생이 많은 곳에 가고 싶어요."

끈질기게 조르고 또 졸랐다. 그러나 아버지는 단호했다.

"네 말도 옳지만 할아버지, 할머니께 국적을 바꾸자는 말씀을 드릴 수는 없단다. 네가 이해해라."

이때만큼은 아들의 부탁을 들어주지 않았다.

손정의는 일본에 귀화하기는 어렵다, 국적이 걸림돌이 되니 어쩔 수가 없다며 국공립학교의 교사가 되겠다는 꿈을 포기했다. 그리고 다음 수를 생각했다. 국적과 상관없이 많은 학생을 가르칠 방법은 없을지 궁리한 것이다. 그러다 문득 학원을 경영하자는 생각이 들었다.

손정의는 친구 어머니에게 "학원을 운영하고 싶습니다. 학원으로 쓸 만한 건물이 어디 없을까요?"라며 조언을 구했다. 그러자 친구 어머니는 "음, 고등학교에 들어가서 열심히 공부하는 게 먼저가 아닐까?"라고 되물었다. 손정의는 "그런가요?"라고 대꾸할 수밖에 없었다. 같은 시기에 손정의는 중학교의 담임선생님에게도 "학원을 경영하려고 하는데요"라며 이미 만들어둔 커리큘럼을 펼쳐서 보여주기도 했다.

손정의는 이 무렵부터 경영에 흥미를 느끼기 시작했다. 그리고 커다란 전기가 된 것이 앞에서도 이야기했듯이 고등학생 시절에 떠난 미국 어학연수였다.

'피부색이 다른 다양한 인종의 사람들이 자연스러운 모습, 있는 그대로의 모습으로 생활하고 있구나. 이것이 바로 정의야!'

이렇게 생각한 손정의는 교사가 될 수 없다는 실망감에서 점차

해방되어갔다. 욕구 불만이 해소되면서 손정의의 마음속에 자리하고 있던 '문제'가 '해결'을 향해 나아갔다. 미국 어학연수가 장래의 꿈을 '사업가'로 바꾸는 데 중요한 전기로 작용한 것이다.

## 만성 간염에서 극적으로 회복되다

1983년 봄, 손정의에게 생각지도 못했던 불행이 찾아왔다. 회사의 건강 진단에서 심각한 만성 간염을 앓고 있다는 진단을 받고, 2년 수개월에 걸쳐 입원과 퇴원을 반복하는 생활을 하게 된 것이다. 소프트웨어 유통 회사로 출발해 얼마 후 출판 사업에 뛰어들면서 컴퓨터 비즈니스 업계에 막 이름을 알리기 시작하던 참이었다.

창업 초기이기도 해서 지나치게 몸을 혹사한 것이 가장 큰 원인이었으리라. 당연히 식사도 수면 시간도 불규칙했다. 그런 탓에 몸이 굉장히 피곤하기는 했지만, 당시 아직 스물다섯이라는 젊은 나이였기 때문에 '피로가 쌓였나 보군'이라며 대수롭지 않게 생각했다.

그런데 의사가 "당장 입원하시오"라고 말한 것이다. 낙천적인 손정의도 그때는 할 말을 잃었다. 창업한 지 얼마 되지 않은 벤처 기업에 창업자의 병은 자칫하면 치명타로 작용할 수도 있다.

손정의의 인생에서 최초이자 최대의 위기였다. 그야말로 비상사
태를 맞이한 셈이었다. 그러나 손정의는 이 위기를 다음과 같이
극복했다.

### 문제 해결 절차 1: 적과 아군을 명확히 한다

손정의 자신은 말할 필요도 없이 일을 추진하는 입장이다. 그리
고 앞길을 가로막는 입장인 적으로서 갑작스럽게 모습을 드러낸
것이 병, 즉 만성 간염이었다. 당시 만성 간염은 치료법이 아직
확립되어 있지 않은 불치병이었다. 만성 간염에서 간경변, 간암
으로 진행될 위험이 있었으며 최악의 경우는 한창 일할 40~50대
에 돌연사하는 경우도 적지 않았다.

### 문제 해결 절차 2: 충돌 구조를 파악한다

'손정의 자신의 육체 vs. 병(만성 간염)'이 사업 추진을 현저히 방
해했다.

### 문제 해결 절차 3: 문제 극복 방법에 따라 싸운다

손정의는 '병을 고치자'는 강한 의지를 품고 만성 간염에 정면으
로 맞서기 위해서 병원에 입원해 치료에 전념했다. 죽음의 공포
가 계속되는 가운데 치료를 받아야 했다. 이 장애물을 극복하고

자 손정의는 학술 논문을 뒤져 '스테로이드 이탈 요법'이라는 치료법을 발견했다. 당시에는 개발된 지 얼마 되지 않은 새로운 치료법이라 잘 알려지지 않았었다. 만성 간염을 인위적으로 급성 간염 상태로 만든 다음 인간 본연의 생명력을 이용해 바이러스를 몰아내는 방법이다.

1984년 1월, 손정의는 부인과 함께 이 요법을 개발한 도쿄 도라노몬 병원의 구마다 히로미쓰(熊田博光) 의사를 찾아갔다. 이때 4~5년밖에 살지 못할 것이라는 진단을 받았지만, 구마다 의사의 치료와 손정의 자신의 기력으로 놀랄 만큼 빠르게 회복할 수 있었다. 또 회사에 출근할 수 없었기에 병실에 컴퓨터와 팩시밀리, 전화를 가져와 원격 조작이라는 당시로써는 매우 기발한 경영 방법을 시도해 성공했다. 이 경험을 바탕으로 훗날 '손정의식 초계기 비행 경영'을 고안해냈다.

여담이지만, 당시 손정의는 거래처 등 회사 외부의 사람들에게 자신이 병에 걸렸다는 사실이 알려질까 두려워 미국 장기 출장을 떠난 것처럼 꾸몄다고 한다.


**공동 경영을 파기하고 독자 노선을 걷다**

손정의는 1981년 9월에 주식회사 경영종합연구소와 50퍼센트씩 출자해 일본 소프트뱅크(자본금 1,000만 엔)를 설립했다. 즉, 공동 경영이다. 그로부터 2개월 뒤, 손정의는 도쿄 롯폰기에 있던 당시 최대의 소프트웨어 회사 허드슨 소프트를 찾아가 구도 히로시 부사장을 만났다. 허드슨은 200종류나 되는 게임 소프트웨어를 제작하고 있었을 뿐만 아니라 컴퓨터 잡지를 발행하는 신문사와 전기 부품 도매 회사에 소프트웨어를 도매함으로써 시장의 90퍼센트 가까이를 점유하고 있었다.

손정의는 이렇게 말했다.

"일본 최고의 소프트웨어 유통 회사를 만들려고 합니다."

그러면서 초면인 구도에게 허드슨의 상품을 독점 판매하게 해달라고 요청했다. 그 자리에서 답변을 주지 않았던 구도는 며칠 뒤 손정의에게 말했다.

"거래합시다."

구도는 독점적 판매 계약을 맺기 전에 5,000만 엔을 입금할 것을 조건으로 제시했다.

그런데 손정의의 파트너인 경영종합연구소 내부에서 이 거래가 문제시되었다. 소프트웨어라면 무엇이든 팔겠다는 손정의의 방식에 이론이 제기된 것이다. 경영종합연구소는 비즈니스용 교육 기기와 컴퓨터용 기기를 취급했기 때문에 일본 소프트뱅크의 사업이 이 본업과 연동되기를 기대했다. 즉 게임 소프트웨어까지 품목을 넓히는 데는 부정적이었다. 또 손정의가 조건으로 제시받은 5,000만 엔 중 대부분을 경영종합연구소에서 부담해달라고 요구했는데, 이것도 반가운 소식이 아니었다. 5,000만 엔이라는 금액이 지나치게 많을 뿐만 아니라 리스크도 크다는 이유로 손정의의 요구를 거절했다. 이렇게 해서 사업 방향을 둘러싸고 손정의와 경영종합연구소의 노선 차이가 표면화되었다.

손정의는 애써서 "거래합시다"라는 답변을 받은 허드슨과의 독점 판매 계약을 성사시키기 위해 5,000만 엔을 조달해야 했다. 동시에 일본 소프트뱅크와 경영종합연구소의 관계도 해결해야 하는 어려움에 직면했다. 게다가 서둘러 결정해야 했다. 그야말로 절박한 상황에 처한 것이다. 이 난관을 어떻게 극복해야 할까? 손정의는 머리를 싸맸다.

### 문제 해결 절차 1: 적과 아군을 명확히 한다

손정의는 최대 규모의 소프트웨어 회사인 허드슨과 독점 판매 계약을 맺어 사업의 추진을 꾀하려 했다. 그런데 파트너인 경영종합연구소가 이를 가로막는 입장으로 돌아섰다. 자본금이 1,000만 엔인 일본 소프트뱅크가 갑자기 5,000만 엔을 입금해야 한다는 데서 재무상의 위기를 느꼈다고는 하지만, 경영종합연구소가 손정의의 적으로 변모할 조짐을 보인 것이다.

## 문제 해결 절차 2: 충돌 구조를 파악한다

'손정의의 적극적인 비즈니스 감각 vs. 경영종합연구소의 소극적인 경영 감각'이라는 충돌 구조가 형성되면서 파트너십에 균열이 생기기 시작했다.

손정의는 5,000만 엔을 입금해서라도 허드슨과 독점 판매 계약을 맺고 공격적 판매에 나선다면 승산이 있다고 생각했지만 이 점을 설득할 수가 없었다.

## 문제 해결 절차 3: 문제 극복 방법에 따라 싸운다

공동 경영이 유지되기 어려워진 이상, 이를 파기하는 수밖에 없다. 손정의는 독립을 결심했다. 그 대신 5,000만 엔은 손정의 자신이 마련해야 한다. 또 주식회사 경영종합연구소와는 나중에 껄끄러운 관계가 되지 않도록 안 좋게 헤어지기보다 '원만한 합의 이혼'의 형태를 취하는 것이 상책이었다.

허드슨의 구도 부사장 역시 손정의에게 이렇게 조언했다.

"공동 경영은 파기하는 것이 좋습니다."

손정의가 장래에 주식을 공개할 계획이라면 그전에 공동 경영을 파기하는 편이 현명하다고 판단한 것이다. 손정의는 공동 경영 파기를 제안했다. 그러자 경영종합연구소는 다음과 같은 요구 조건을 내걸었다.

"그렇다면 우리가 출자한 지분을 사들이시오."

이에 손정의가 물었다.

"어느 정도의 금액에 사들이면 되겠습니까?"

경영종합연구소는 이렇게 답했다.

"액면가의 세 배에 사들이시오."

너무나 높은 금액에 손정의는 깜짝 놀랐다. 장애물이 생각보다 컸던 것이다.

그러나 손정의는 포기하지 않고 차근차근 일을 처리해나갔다. 먼저 허드슨이 요구한 5,000만 엔을 친척 등에게 빌려서 기일까지 입금했다. 그리고 얼마 후 제일권업은행에서 1억 엔을 융자받아 경영종합연구소의 지분을 액면가의 세 배에 사들였다.

이렇게 해서 경영종합연구소와의 제휴는 일본 소프트뱅크가 설립된 지 3개월 만에 종지부를 찍었다. 그리고 이와 함께 난제가 모두 해결되었다.

## 자사 광고를 위해 잡지를 직접 창간하다

일본 소프트뱅크는 컴퓨터용 소프트웨어 유통 회사로 출발한 직후에 출판 사업에 뛰어들었다. 여기에는 컴퓨터 전문 잡지가 일본 소프트뱅크의 광고 게재를 거부한 일이 커다란 계기가 되었다. 당시 일본 소프트뱅크는 창업한 지 1년도 되지 않아 아직 지명도가 낮았다. 광고를 싣지 못하면 회사를 알릴 길이 없기 때문에 사업이 고전을 면치 못할 것이 뻔했다. 따라서 손정의로서는 사태를 수수방관하고 있을 수가 없었다. 그는 어려운 상황을 자력으로 뛰어넘고자 도전했다.

### 문제 해결 절차 1: 적과 아군을 명확히 한다

일반 신문에는 광고를 내도 선전 효과가 높지 않았다. 그래서 손정의는 컴퓨터 전문 잡지에 광고를 내고 싶었다. 그런데 이 잡지들이 하나같이 광고 게재를 거절했다. 즉, 컴퓨터 전문 잡지가 일본 소프트뱅크의 사업에 대해 가로막는 입장을 취한 것이다.

그 잡지들의 발행인 중에는 "손정의는 건방지다"라든가 "손정의가 싫어서 거래를 안 한다" 등 적대적 감정을 드러내는 사람도 있었다.

### 문제 해결 절차 2: 충돌 구조를 파악한다

'컴퓨터 전문 잡지에 광고를 게재하려는 손정의의 의욕 vs. 컴퓨터 전문 잡지의 거부 반응'이라는 충돌 구조가 손정의의 일본 소프트뱅크를 가로막았다.

### 문제 해결 절차 3: 문제 극복 방법에 따라 싸운다

손정의는 기존의 컴퓨터 전문 잡지가 광고 게재를 거부하는 이상 본격적으로 출판 비즈니스에 뛰어드는 수밖에 없다고 판단했다. 그러나 간부진이 맹렬히 반대하고 나섰다.

"소프트웨어 유통 사업도 아직 정상 궤도에 오르지 못했는데 월간지를 동시에 두 개나 창간한다니, 말도 안 됩니다."

그러나 손정의는 반대를 무릅쓰고 월간지 창간을 서둘렀다. 소프트웨어 유통 회사로서 지반을 확고히 다지려면 더 많은 소프트웨어 하우스, 더 많은 컴퓨터 상점과 거래 관계를 맺을 필요가 있다. 이를 위해서는 소프트뱅크 자체를 적극적으로 광고하는 수밖에 없다고 판단했기 때문이다. 궁여지책이기는 했지만 어쨌든 이렇게 해서 '광고를 할 수 없다'는 어려운 문제를 해결할 수 있었다.

### 컴퓨터 잡지의 적자를 흑자로 바꾸다

컴퓨터 전문 잡지를 창간하는 데는 성공했지만, 회사 간부들이 걱정했던 사태가 발생했다. 매달 한 잡지당 1,000만 엔, 합쳐서 2,000만 엔의 적자가 쌓이기 시작한 것이다. 막대한 편집 및 제작 비용이 들어갔고, 인쇄소에서 보낸 인쇄 대금 청구서가 매달 홍수처럼 날아들었다. 건강 진단 결과 만성 간염이 발견된 직후의 일이었다.

손정의는 경영 기반을 뒤흔들지도 모르는 위기에 봉착했다. 한 고비를 넘기니 또 다른 고비가 찾아온 셈이다. 그는 이 위기를 어떻게 극복했을까?

**문제 해결 절차 1: 적과 아군을 명확히 한다**

손정의는 두 개의 컴퓨터 전문 잡지를 간행하고 광고 매체로 최대한 활용해 컴퓨터 소프트웨어의 판매 확대를 꾀했다. 그러나 독자들의 반응이 미지근해서 예상만큼 팔리지를 않았다. 그 원인은 독자가 아니라 잡지의 내용에 있었다. 한마디로 독자들의 흥미를 이끌어낼 만한 내용이 없었던 것이다. 이것이 겉으로 드러나지 않는, 잠재적인 요인이었다.

**문제 해결 절차 2: 충돌 구조를 파악한다**

'컴퓨터 전문 잡지의 대량 판매라는 전략 vs. 컴퓨터 전문 잡지에 독자의 흥미를 이끌어낼 만한 내용이 없다'는 충돌 구조가 매달 총 2,000만 엔의 적자를 초래했다.

**문제 해결 절차 3: 문제 극복 방법에 따라 싸운다**

반년이 지났을 때, 손정의는 근본적인 대책을 세우기로 하고 수만 장에 이르는 독자 카드를 전부 읽었다. 그러는 동안 크게 여섯 가지 문제점이 추려졌다. 이에 손정의는 여섯 가지 개혁안을 내놓았다.

① 가격이 비싸다는 의견이 많으므로 정가를 내린다.

② 가격에 비해 페이지가 적다는 지적을 반영해 페이지를 늘린다.

③ 평가가 좋지 않았던 표지 디자인을 새롭게 바꾼다.

④ 기사 속의 일러스트도 평이 좋지 않으므로 다른 일러스트레이터를 기용한다.

⑤ 오·탈자가 많다는 부끄러운 지적이 많으므로 오·탈자를 없애고자 철저히 노력한다.

⑥ 지명도가 낮다는 의견을 반영해 TV 광고를 진행한다.

이 개혁안에 대해 손정의는 총예산으로 1억 엔을 계상했다. 당시의 손정의에게 1억 엔은 거금이었다. 하지만 문제를 해결하지 않은 채로 계속 잡지를 발간하면 적자가 1억 엔, 2억 엔 쌓여갈 뿐이니 그럴 바에는 1억 엔을 들여서 과감하게 뜯어고치자고 생각했다. 그리고 이 시도가 실패로 끝나면 깔끔하게 폐간하고 손을 떼기로 마음먹었다.

손정의는 '최종 결전을 벌이자'며 단번에 승부를 걸기로 했다.

마음속에서 결전의 깃발을 올린 것이다. '위기는 곧 기회다'라는 명언도 있지 않은가.

그러나 개혁안 중 여섯 번째인 TV 광고가 문제였다. 컴퓨터 잡지로서는 전대미문의 TV 광고를 하기로 했지만, 거기 들어갈 비용까지 생각하면 1억 엔으로는 턱없이 부족했다. 손정의는 NEC(일본의 통신·전자기기 종합 회사—옮긴이)를 찾아가 고위층과 협상을 벌였다. NEC 컴퓨터 전문지라는 명목으로 NEC의 컴퓨터와 함께 TV 광고를 하자는 제안이었다. 같은 예산으로 두 배의 광고를 할 수 있을 뿐 아니라 NEC 전문 잡지이므로 잡지의 판매 부수가 증가하면 잡지 자체가 NEC의 광고도 된다는 논리를 제시했다.

"그거 괜찮겠군. 함께 해봅시다."

NEC에서는 공동 광고를 승낙했다. 그리고 이것이 운 좋게 대성공을 거뒀다. 그때까지 매달 5만 부를 찍으면 80퍼센트 이상이 반품되던 것이 10만 부를 찍었는데도 2, 3일 만에 매진되었다. 그달부터 출판 사업은 단번에 흑자로 돌아섰다.

**경영의 사각지대를 없애기 위해 팀제를 만들다**

그런데 몇 년 뒤, 출판 부문이 다시 부진에 빠져 발행 중인 잡지 8개 중 7개가 적자를 기록했다.

### 문제 해결 절차 1: 적과 아군을 명확히 한다

사업을 확대하면 전체 사업의 각 부문에 대해서는 세밀한 내용이 잘 보이지 않게 된다. 다시 말해, 눈이 닿지 않게 된다. 부진한 부문이 있어도 '부진의 원인'을 간과하기 쉬우며, 그 결과 상처가 깊어져 경영이 심각한 상태에 빠진다. 일본 소프트뱅크도 발행하는 컴퓨터 전문 잡지가 늘어남에 따라 손정의의 눈이 닿지 않게 되었고, 마침내 8개 중 7개가 적자를 기록하기에 이르렀다.

손정의 자신이 경영 실태를 제대로 파악하기 어려운 상황이 만들어진 것이다. 이는 시스템 내부에 문제가 발생했기 때문이었다. 즉 적자를 낳는 장애물이 '시스템 내부'에 있었다는 말이다.

### 문제 해결 절차 2: 충돌 구조를 파악한다

'손정의의 사업 확대 의욕 vs. 조직의 확대로 복잡해진 시스템'이라는 충돌 구조가 만들어졌다. 그 결과 복잡해진 시스템이 경영의 발목을 잡아당기고 가로막는 입장으로 변질되었다.

### 문제 해결 절차 3: 문제 극복 방법에 따라 싸운다

그래서 손정의는 발행하던 8개 잡지 전부를 개별적으로 세밀하게 분석하고 대책을 마련했다. 그러자 반년 뒤에 한 잡지를 제외하고 전부 흑자로 돌아섰다. 여전히 적자를 기록하는 잡지 하나는 폐간했다. 썩은 사과를 골라내 다른 사과까지 상하는 걸 막기 위한 것이다.

이 경험을 통해 손정의는 '부문을 작게 나누지 않으면 경영의 실태를 파악할 수 없다'는 사실을 깨달았다. 그리고 이 생각을 발전시켜 만든 것이 팀제다. 팀제는 이윽고 소프트뱅크에서 확고한 제도로 시스템화되고 정비되었다. 그야말로 위기를 기회로 되살린 셈이다.


## 대의를 위해 싸우다

그렇다면 손정의는 왜 '싸우는' 것일까? 다시 말해 무엇을 위해 싸우는 것일까? 손정의는 이 질문에 대한 답을 소프트뱅크 아카데미아 개교식의 특별 강의에서 명쾌하게 제시했다. 그 내용을 인용하면서 이 장을 마무리하겠다.

"토요타의 창업자도, 마쓰시타 고노스케도, 혼다 소이치로도, 헨리 포드도, 록펠러도, 빌 게이츠도, 스티브 잡스도 모두 싸워서, 경쟁사를 어떻게든 제쳐서, 싸우고 싸우고 또 싸워서, 사람들을 행복하게 한다는 자신의 이념을 실현해나갔습니다. 그러니까 싸운다는 것은 비전을 실현하는 것입니다. 싸움은 곧 비전입니다. 비전은 곧 싸움입니다.

단순히 무작정 싸우라는 말이 아닙니다. 비전을 실현하기 위해, 이념을 실현하기 위해 싸워야 한다는 말입니다. 총무성과 싸워야 할 때도 있습니다. 상대가 총리든 대통령이든 싸워야 할 때도 있습니다. 무엇을 위해 싸우는 것일까요? 높은 뜻과 이념을 실현하기 위해서입니다. 그런 비전을 실현함으로써 최종적으로 10년 후나 20년 후, 100년 후, 300년 후의 전 세계 사람들이 행복하게 살도록 하기 위해서입니다.

사카모토 료마는 자신의 번을 이탈할 때 주위 사람들에게 피해를 주었습니다. 가족에게도 피해를 주었습니다. 번에도 피해를 주었습니다. 하지만 이처럼, 때로는 반년이나 2~3년간 피해를 주더라도 어쩔 수 없는 경우가 있습니다. 이것은 참으로 어려운 문제입니다. 그러나 마음속에 진정으로 사람들이 행복해졌으면 좋겠다, 100년 후나 300년 후의 사람들이 진심으로 고마워할 일을 하겠다는 결의가 있다면 다소의 비판은 각오하고 경쟁자와 싸워 이겨야 합니다. 물론 나쁜 짓을 해서는 안 되겠지요. 그렇지만 사업가나 혁명가는 일을 이루기 위해 싸워야 합니다. 가끔은 그래야 할 때가 있습니다. 목숨을 걸고 싸울 때 비로소 일을 이룰 수 있다는 말입니다."

# 7장

# 풍림화산해
# 風林火山海

## 변화무쌍하게 대처하라

언제든 길은 있다.
'어쩔 수 없다' , '어렵다' 라는 말을 하면 할수록
해결과는 멀어질 뿐이다.

드디어 마지막 단인 풍림화산해(風林火山海) 차례가 되었다. 이 단은 전술, 즉 싸움을 하는 법에 대한 내용이다. 다케다 신겐의 깃발에 적힌 글귀로도 유명한 '풍림화산'은 《손자》 제7편 군쟁(軍爭) 편에 나오는 말이다. 한 문자씩 살펴보자.

## 남보다 더 빠른 시간을 살아라

먼저 첫 번째 문자인 풍(風), 즉 '빠르기는 바람과 같이, 움직일 때는 재빠르게'다.

하루가 다르게 진보하고 있는 디지털 정보 분야에서 세계 최고를 노리는 손정의에게는 속도가 생명이다. 우물쭈물하다가는 목숨을 잃을 수 있다. 귀중한 시간을 한순간이라도 낭비해서는 안 된다. 손정의의 시간은 평범한 경영자와 비교하면 몇 배는 빨리 지나간다. 도로에 비유하면, 평범한 사람이 일반도로를 달리고 있을 때 손정의는 고속도로를 질주하는 느낌이다.

특히 2010년부터 2014년까지 4년 동안 손정의의 질주는 놀라웠다. 문자 그대로 '질풍노도'의 속도였다. 2010년 3월, 기업회생절차에 돌입한 윌콤과 재건 지원에 관한 기본 합의서를 체결했고, 같은 해 12월에 윌콤의 기발행 주식을 전부 취득했다(윌콤은 2013년 7월 도쿄지방법원으로부터 기업회생절차 종료 결정을 받고, 소프트뱅크의 연결 자회사로 편입됐다－옮긴이). 2012년 10월에는 e모바일 사업을 영위하는 e액세스를 주식 교환을 통해 이듬해 2월까지 완전 자회사로 만든다고 발표했다. 또 자회사인 소프트뱅크 모바일과 e액세스의 업무 제휴도 발표했다. 이에 따라 소프트뱅크 모바일과 e액세스를 합친 계약 건수는 약 3,400만 건으로 업계 2위인 au(KDDI)의 약 3,600만 건에 육박하게 되었다. PHS 사업자인 윌콤까지 포함하면 약 3,900만 건에 이르러 au를 웃도는 거대한 통신 사업체 그룹으로 우뚝 섰다.

또한 같은 해 10월에는 미국의 3위 휴대전화 회사인 스프린트 넥스텔의 주식 70퍼센트를 취득해 자회사로 만든다고 발표했다. 그리고 이듬해인 2013년 7월에 매수를 완료해(매수 금액은 216억 달러) 세계 3위의 이동통신 그룹이 되었다.

한편 2013년 5월에는 동생인 손태장(孫泰蔵)이 경영하는 겅호 온라인 엔터테인먼트를 연결 자회사로 편입했다. 이 회사는 스마트폰용 게임인 퍼즐앤드래곤이 큰 인기를 모으면서 급속도로 성장해 같은 해 4월에 시가총액이 1조 엔을 돌파한 것으로도 화제를 모았다. 또 10월에는 경호와 공동으로 세계 최대의 스마트폰용 게임 개발사인 핀란드의 슈퍼셀을 산하에 둔다고 발표했고, 11월에는 7월에 설립한 새 회사 아스라텍을 통해 로봇 사업에도 참가했다. 미래에는 고도의 인공 지능(AI)을 탑재한 인간형 로봇의 개발에 뛰어들기 위해 준비하고 있다.

그리고 2014년 5월 중순인 현재는 자회사 스프린트를 통해 4위 기업인 T-모바일 US의 매수를 노리고 있다. 미국 이동통신의 양대 산맥인 버라이즌 와이어리스와 AT&T에 정면으로 도전하기 위해서다. 이에 대해 손정의가 미국 휴대전화 시장을 제패하고, 이를 발판으로 소프트뱅크 본사를 미국으로 이전해 '미국 기업'으로 변신시킨 다음, '중국 휴대전화 시장'에 진출할 속셈이라는 시각도 있다. 다만 미국의 통신 당국은 스프린트의 T-모바일 US 매수 구상에 대해 시장 경제가 훼손될 우려가 있다며 신중한 자세를 보이고 있다(매수 계획은 그해 8월에 최종적으로 무산되었다-옮긴이).

손정의는 2014년 3월 11일에 직접 미국으로 건너가 미국 상공회의소에서 강연하며 이렇게 얘기했다.

"미국 국민은 비싼 이동통신망에 익숙해져 있어 세계적으로 얼마나 뒤떨어져 있는지 깨닫지 못하고 있습니다. 미국의 소비자는 데이터 통신량이 적은데도 더 비싼 사용료를 내고 있습니다. 이것이 바람직한 상태일까요? (…) 소프트뱅크가 스프린트를 매수함으로써 바야흐로 새로운 경쟁이 시작되었습니다."

"소프트뱅크를 세계 최고의 기업으로 만들겠다"고 선언했지만, 그 기세를 이어가지는 못하고 있다. 미국에서 소프트뱅크의 지명도가 낮다는 점에서 그렇다. 그래서 "소프트뱅크의 손정의가 여기 있소이다!"라며 존재감을 알리기 위해 그는 먼저 대중 매체에 출연하기 시작했다. 화려한 M&A의 뒤편에서는 이처럼 눈물겨운 노력을 계속하고 있다는 사실도 간과해서는 안 될 것이다.


## 협상은 물밑에서 은밀히 진행하라

다음으로 두 번째 문자인 림(林), 즉 '고요하기는 숲과 같이. 물밑에서 중요한 협상을 진행할 때는 숲처럼 조용하게 극비리에 진행한다'를 보자. 손자병법에서는 '군대가 대기하고 있을 때는 숲처럼 조용히'라는 의미다.

하루가 다르게 성장을 거듭하고 있는 소프트뱅크에 대기하고 있을 여유 같은 것은 사실상 없다. 그럼에도 외부 사람들의 눈에는 움직이지 않는 것처럼 보일 때가 종종 있다. 바로 그 시기가 다음 공격을 위해 착실히 준비하고 호시탐탐 타이밍을 재는 때다. 예를 들어 앞에서 소개한 다이에 호크스를 매수하던 때가 그러하다. 매수 성사 이벤트는 기습 공격 같은 기민한 움직임으로 손정의의 행동력과 속도를 국민들에게 각인시키는 기회가 되었다. 하지만 매수가 성사됐음을 발표하기 직전까지는 표면에 아무것도 드러나지 않았고 숲처럼 조용했다. 언론의 감시를 피해 물밑에서 활발히 움직였던 것이다.

손정의는 소프트뱅크의 기업 이미지와 브랜드 파워를 높일 수단으로 프로야구에 관심을 갖고 있었다. 무명 기업이었던 오릭스도 프로야구단인 한큐 브레이브스(현재 오릭스 버팔로스)를 매수하면서 단숨에 지명도가 높아졌다. 그 덕분에 미야우치 요시히코 오릭스 회장 겸 구단 오너는 행정개혁추진본부·규제개혁위원회 같은 각종 정부 자문기관의 단골 위원이 되었을 정도다. 손정의는 아오조라은행(구 일본채권신용은행)을 공동 경영한 적이 있기에 미야우치 요시히코와 잘 아는 사이였다.

소프트뱅크는 2003년에 야후 등의 관련 기업을 이용해 그린스타디움 고베의 명명권(命名權: 이름을 지을 권리. 구장의 이름을 마케팅 목적으로 활용할 수 있도록 개명 권리를 부여한 것 – 옮긴이)을 2년간 2억 엔에 사들였다. 그리고 구장 이름을 야후 BB 스타디움으로 지었다. 이곳은 프로야구 퍼시픽리그의 구단인 오릭스 블루웨이브의 홈구장이다. 이 구장에서는 매년 약 70경기의 프로야구 경기가 열리기 때문에 선전 효과가 대단히 크다. 덕분에 컴퓨터를 가지고 있지 않거나 야후 또는 소프트뱅크의 서비스를 전혀 이용하지 않는 사람에게도 야후 BB라는 이름이 널리 알려졌다.

아이러니하게도, 손정의가 다이에 호크스를 조용히 손에 넣을 절호의 기회를 제공한 사람은 라이브도어의 호리에 다카후미(堀江貴文) 사장이었다(일본에서는 전통적으로 언론사나 철도 회사 등이 구단을 운영해왔는데, 이 시점에 인터넷 상거래 업체들도 뛰어들었다. 대표적인 곳이 소프트뱅크, 라이브도어, 라쿠텐이다-옮긴이). 당시 긴테쓰가 오릭스와 합병할 예정이어서 긴테쓰 구단은 사실상 사라질 상황에 처해 있었다. 이에 호리에가 구단을 되살리고 고용 불안에 빠진 선수들을 구제하겠다는 대의명분을 내세우며 긴테쓰에 구단을 매수하겠노라고 제의했다. 이는 노동조합 '프로야구 선수회'와 팬들의 지지를 얻었지만, 긴테쓰는 제의를 거절했다.

그런 와중에 구단을 보유하고 있는 또 다른 기업 다이에가 기업회생기구에 지원을 신청할 것을 결정했다. 2004년 10월 13일의 일로, 국민들의 눈과 귀가 온통 긴테쓰 구단 소동에 쏠려 있을 때였다. 손정의는 그로부터 닷새 뒤인 10월 18일에 다이에에 구단을 매수하겠다고 제안하고, 아소 와타루(麻生渡) 후쿠오카 현

지사와 가마타 미치사다(鎌田迪貞) 규슈 전력 회장을 만나 협조를 요청했다.

그 무렵 라이브도어는 센다이로 무대를 옮겨 라쿠텐과 구단 인수 경쟁을 벌였다(라이브도어는 구단 인수에 실패했고, 라쿠텐은 그해에 라쿠텐 골든 이글스를 창단했다―옮긴이). 라쿠텐의 미키타니 히로시(三木谷浩史) 사장은 다이에가 조만간 기업회생기구에 지원을 신청할 것임을 알았지만, 이를 기다리지 못하고 센다이를 공략한 것이다.

한편 손정의는 다이에가 기업회생기구에 지원을 신청하겠다고 결정하기 직전에 매수공작을 시작했다. 그런데 후쿠오카 재계에서 NTT와 규슈 전력을 포함한 20여 회사가 반대하고 나섰고, 손정의는 이 장애물을 어떻게든 돌파해야 했다. 그는 기자단이 눈치채지 못하도록 은밀히 후쿠오카 재계를 설득하기 시작했다. 손정의는 열심히 설명했다.

"반드시 호크스를 인수하고 싶습니다. 여러분께 걱정은 끼치지 않을 것이며, 반드시 강팀으로 만들겠습니다. 이대로 놔두면 호크스는 약해질 수밖에 없습니다."

최후의 결정적인 한마디는 이것이었다.

"하지만 여러분이 안 된다고 말씀하신다면 물러나겠습니다."

야구 협약상 11월 20일경까지 매수를 완료해야만 이듬해인

2005년부터 소프트뱅크 호크스로 활동할 수 있었다. 손정의는 호크스 매수의 열쇠를 쥐고 있는 곳이 미국 로스앤젤레스에 본거지를 둔 부동산 투자 회사 콜로니 캐피털임을 간파했다. 그래서 기한인 11월 20일까지 1개월 동안 미국과 일본을 다섯 번이나 오갔다. 매수를 위해서는 모든 서류를 갖춰야 했기 때문에 그 점에서도 전력을 다했다.

또 후쿠오카 재계와 절충을 하는 동안 '핵심 인물은 오 사다하루(王貞治) 감독'이라는 점도 알게 됐다. 그래서 도쿄로 돌아오자마자 오 감독을 만나 단장으로 취임하겠다는 승낙을 받아냈다. 이렇게 해서 손정의는 다이에 호크스를 매수하는 데 성공했다. 그야말로 전광석화 같은 움직임이었다.


## 비밀리에 이루어진 구글과의 제휴 협상

2010년 7월 27일, 야후 일본 법인은 "야후 재팬의 검색 서비스에 구글의 검색 엔진과 검색 연동형 광고 시스템을 채용한다"라고 전격 발표했다. 야후가 경쟁 상대인 구글의 검색 엔진을 도입한 것이다.

야후 일본 법인은 1996년에 미국 야후와 소프트뱅크가 합병하면서 설립되었다. 최대 주주는 약 40퍼센트의 주식을 소유한 소프트뱅크였다. 이와 관련해 일부 언론은 야후 일본 법인의 회장을 맡고 있는 손정의가 "오월동주(吳越同舟: 적일지라도 공동의 목적을 이루기 위해 서로 협력한다는 의미 – 옮긴이)의 길을 선택했다"라고 보도하기도 했다.

발표 이튿날에 열린 소프트뱅크 아카데미아 개교식의 강의에서 손정의는 갑작스러운 구글과의 제휴 발표에 대해 다음과 같이 언급했다.

"어제 발표가 있었는데, 야후 재팬이 구글과 제휴할 것이 틀림없다고 생각한 사람이 있으면 손을 들어주십시오. 없지요? (…) 반년도 더 넘게 계속 협상을 해왔는데, 이를 알아챈 사람은 없었을 겁니다. 당연히 극비리에 진행했으니까요. 극소수만이 알고 있는 상태에서 반년 이상을 거의 매주 줄기차게 협상했지요."

이어서 그는 이런 이야기도 했다.

"애플의 아이폰도 도코모에서 발매한다, 아니다 au에서 발매한다 등 언론에서 이런저런 말들을 했지요. 하지만 약 6년 전부터 (제가) 이미 협상을 시작했다는 사실은 몰랐을 겁니다. 그러니까 어떤 일을 할 때는 깊고 조용히, 극비리에, 재빨리 해야 합니다."

'소프트뱅크 모바일(손정의)이 아이폰의 일본 판매권을 획득하기 위해 애플과 협상을 진행하고 있는 것 같다'는 소문은 오래전부터 있었다. 그러나 손정의는 그야말로 숲처럼 조용하게 물밑에서 비밀리에 협상을 진행했다. 그런데 2006년 5월, 일부 보도기관이 "애플과 소프트뱅크가 제휴해 연내에 아이팟이 내장된 휴대전화(요컨대 '아이폰'을 의미한다)를 발매한다"라는 기사를 내보냈다. 이 사실을 안 애플의 스티브 잡스는 일본에서 정보가 누설된 데 격노했고, 제휴 이야기는 일시적으로 파기되고 말았다.

이에 당황한 손정의는 이듬해 1월에 애플의 초대를 받지 않았음에도 미국으로 건너가서 아이폰의 발표회에 참석했고, 그 자리에서 열심히 사정을 설명하고 사과했다고 한다. 그리고 이후로는 언론 관계자가 아이폰에 관해 어떤 질문을 하든 "노 코멘트"로 일관했다. 또한 일본 국내 판매에 관한 협의를 하는 과정에서도 도코모와 달리 유연한 자세를 보이는 등 아이폰의 판매를 향한 열의를 보였다. 이로써 마침내 스티브 잡스를 설득하는 데 성공했다.

그리고 2008년 7월 1일, 아이폰 3G는 일본을 포함한 22개국에서 동시 발매되어 빅 히트를 기록했다. 판매권을 획득한 소프트뱅크 모바일은 아이폰을 앞세워 신규 가입자를 비약적으로 늘

림으로써 점유율을 크게 높였다.

손정의는 이 위기일발의 경험을 통해 새삼 '림'의 중요성을 통감했음이 틀림없다. 그렇기에 "어떤 일을 할 때는 깊고 조용히, 극비리에, 재빨리 해야 한다"고 말한 것이리라.

## 총공세를 펼쳐 사업을 확대하라

이제 세 번째 문자인 화(火), 즉 '공격할 때는 불처럼 맹렬하게'로 넘어가자.

세계 최고를 지향하는 손정의는 물론 사업 확대에 의욕적이다. 항상 "불처럼 맹렬하게 사업을 확대하라"고 호령해왔다. 손정의는 발명의 프로세스와 마찬가지로 사업 확대에도 세 가지 패턴이 있다고 말한다.

① 기존 사업의 절대액을 증가시켜나가는 패턴.
② 완전히 새로운 사업에 뛰어드는 패턴. 자신이 신규 사업을 시작할 수도 있고, M&A로 다른 기업을 그룹화하거나 다른 회사와 제휴해 새로운 회사를 세울 수도 있다.
③ 회사 일부를 분리 독립시켜나가는 패턴.

이 세 가지 패턴 가운데 무엇을 선택해야 할까? 손정의가 내놓은 대답은 이것이었다.

"전부 한다."

사업을 확대하고 싶다면, 생각할 수 있는 모든 패턴으로 공세를 펼치는 수밖에 없다. 실제로 손정의는 그야말로 '불처럼 맹렬하게' 다양한 사업으로 확대하기 위해 도전을 멈추지 않았다. 대표적인 세 가지 예를 소개해보겠다.

### 세계 최대의 컴퓨터 전시회, 컴덱스를 800억 엔에 매수하다

손정의는 과거에 세계 최대 규모의 컴퓨터 관련 전시회인 컴덱스(지금은 개최되지 않는다)를 매수한 적이 있다. 컴덱스는 미국 인터페이스사의 전시 부문이었다.

1993년 10월, 손정의는 당시 재무경리부장이었던 고바야시 도시타다(小林稔忠)를 데리고 라스베이거스에서 열리는 컴덱스 전시회장에 갔다. 그곳에서 손정의는 갑자기 흥분한 어조로 이렇게 말했다고 한다.

"이걸(컴덱스) 사고 싶다. 꼭 갖고 싶다!"

그 후에도 줄곧 매수 의욕을 불태우던 손정의는 약 1년 뒤에 캐주얼한 오픈 셔츠 차림으로 인터페이스사를 찾아갔다. 그곳에서 당시 총책임자이던 제이슨 처드노프스키 사장을 만나 이렇게 말했다.

"컴덱스를 사고 싶습니다."

처드노프스키 사장이 깜짝 놀랐으리라는 것은 굳이 이야기할 필요도 없을 것이다. 사장을 포함한 중역 여섯 명 전원이 아연실색한 표정으로 얼굴을 마주 보며 "이 사람 도대체 뭐지?"라고 수군거렸다고 한다.

그 무렵 소프트뱅크 외에도 네 회사가 매수 의사를 밝힌 상태였다. 당연하게도, 매수 협상을 하러 온 경영자들은 모두 말끔하게 양복을 빼입고 찾아왔다. 그런데 손정의는 자유로운 옷차림을 하고 왔으니 왜 당혹스럽지 않겠는가.

처드노프스키가 손정의에게 물었다.

"매수할 돈은 있습니까?"

"지금은 없지만 미래에는 생길 겁니다."

처드노프스키는 또 물었다.

"왜 컴덱스를 원하는 겁니까?"

손정의는 즉시 대답했다.

"저는 컴퓨터 업계에 뼈를 묻을 생각입니다. 컴덱스를 좋아합니다."

이 말에 사장을 비롯해 중역 여섯 명 전원이 감명을 받았다. 아마도 이런 느낌이었으리라.

'이 사람은 컴퓨터 업계의 상황을 속속들이 감지하고 있구나!'

손정의의 매수 제의가 농담이 아님을 확인한 경영진은 소프트뱅크에 컴덱스를 파는 데 만장일치로 찬성했다. 이렇게 해서 손정의는 1995년에 약 800억 엔의 금액으로 컴덱스를 매수했다.

## 빌 게이츠의 한마디에 지프 데이비스사 매수를 결정하다

손정의는 빌 게이츠를 만나기 위해 미국에 갔을 때, 그가 보여준 컴퓨터 잡지 〈피시위크PC Week〉에 큰 충격을 받았다. 빌 게이츠는 손정의에게 이렇게 말했다.

"이것은 세계 최고의 컴퓨터 관련 잡지입니다. 이 잡지에 어떻게 실리느냐에 따라 그 상품의 판매량과 앞으로의 가격이 정해지지요."

이 말에 자극을 받은 손정의는 아예 그 잡지를 발행하는 지프 데이비스사를 손에 넣기로 했다. 지프 데이비스는 미국의 IT 관련 출판사이면서 미국을 대표하는 기술 분석가 집단으로 유명하다. 소프트뱅크는 1994년 7월에 주식 점두공개에 성공했고, 그 기세를 몰아 10월에는 1,400억 엔의 금액을 제시하며 지프 데이비스사에 정식으로 매수 의사를 밝혔다. 이때까지는 소프트뱅크 이외에 매수 의사를 밝힌 회사가 없었다. 그래서 손정의는 자금 조달을 위해 동분서주하며 지프 데이비스사의 매수에 몰두했다.

그런데 미국의 투자 회사인 포스트만 리틀이 갑자기 매수 의사를 밝혔다. 강적이 나타난 것이다. 게다가 손정의보다 50억 엔이 높은 1,450억 엔의 현금을 준비해 지프 데이비스사를 낚아채 버렸다. 그러나 손정의는 포기하지 않았고, 1995년 11월에 포스트만 리틀로부터 지프 데이비스사를 매수했다.

참고로 지프 데이비스사를 매수할 때 손정의는 처음으로 레버리지 바이아웃(LBO)이라는 기업 매수 기법을 사용했다. LBO는 인수 대상 기업의 자산과 현금흐름을 담보로 부채를 조달한 다음, 매수 후에 그 기업의 자산과 현금흐름 등으로 갚아나가는 M&A 기법이다. 손정의는 훗날 이 LBO 기법으로 1조 7,500억 엔을 조달해 보다폰을 매수했다.

### 갓 창업한 야후에 100억 엔을 투자하다

손정의는 "지프 데이비스사의 매수에 2,300억 엔이 들어갔다"라고 밝혔다. 당시 소프트뱅크의 기업 규모를 생각하면 엄청난 투자다. 그러나 이를 통해 손정의는 커다란 보물을 하나 발견했다. 바로 미국의 인터넷 검색 서비스 회사인 야후였다.

"손정의 씨, 유망해 보이는 회사가 있는데 가보지 않겠습니까? 급성장하는 회사라서 지프 데이비스사에서 출자를 하려고 하니, 한번 만나보시지요."

어느 날 지프 데이비스사의 사장이 이렇게 말하며 손정의를 야후 사무실로 데리고 갔다.

당시 야후는 직원 십수 명에 매달 약 2,000만 엔이나 되는 적자를 내는 회사였다. 그러나 손정의는 지프 데이비스사의 분석을 바탕으로 야후에 100억 엔을 투자해 선두 주주가 된다는 엄청난 결단을 했다. 그리고 1996년 1월에는 야후와 합병하고 일본 법인 야후 주식회사를 설립했다.

아무튼, 당시 야후는 컴퓨터 세계에서는 이미 유명한 회사였다. 손정의 일행이 미국 서해안, 그러니까 캘리포니아 주 산타클라라의 야후 사무실에 도착한 시간은 한밤중이었다고 한다. 그들이 사무실에 들어서자 창업자 중 한 사람인 제리 양이 맞이했다. 그는 "잠깐 이것 좀 봐 주십시오"라며, 책상 위에 산더미처럼 쌓여 있는 자료를 가리켰다. 이미 30개 정도의 일본 대기업으로부터 야후 일본 법인을 만들고 싶다는 제안이 들어와 있었는데, 그 프레젠테이션을 위한 자료였다.

지프 데이비스사의 사장이 레스토랑에 저녁을 예약해놓았지만, 귀찮으니 피자라도 먹으러 가자는 이야기가 나왔다. 손정의는 항상 양복을 가지고 다니기는 하지만 대개는 캐주얼한 차림으로 비즈니스를 한다. 이때도 편안한 복장이었다. 당시 손정의와 동행한 사람은 그 후 16년 동안 야후 재팬의 사장으로 일하게 되는 이노우에 마사히로(井上雅博)였다.

소프트뱅크 사람들과 야후 사람들로 이뤄진 일행은 한밤중에 피자를 먹으면서 이야기를 나눴고, 완전히 의기투합했다. 그리고 함께 일하기로 했다. 그때 제리 양과 또 한 명의 창업자인 데이비드 필로는 '일본에서 사업한다고 할 때 손정의와 함께라면 반드시 성공하리라'고 확신했다고 한다.

일본의 대기업에서 온 사람들은 대부분 양복에 넥타이를 맨 틀에 박힌 모습으로 야후를 찾아와 수많은 자료를 앞에 두고 협상을 진행했다. 그런데 손정의와 이노우에는 노타이에 캐주얼한 차림으로, 게다가 아무런 자료도 없이 빈손으로 야후를 찾아와서는 피자와 콜라를 함께 먹으며 이야기를 나눴다. 야후의 두 창업자가 일본에서 찾아온 회사 중에서 벤처라고 생각한 곳이 소프트뱅크뿐이었음은 두말할 필요도 없다. 결국 야후는 제일 늦게 온 소프트뱅크와 제휴하게 되었다.

손정의는 예전에 캘리포니아에서 대학 생활을 했기 때문에 이곳 사람들의 성향과 감각을 잘 알았다. 이곳에서는 일본 스타일로 협상해서는 파트너가 되기 어렵다는 것을 일찌감치 파악하고, 때와 장소에 걸맞은 준비를 한 것이다.

# 위기일수록 태연해야 한다

이어서 산(山), 즉 '움직이지 않기를 산과 같이 한다. 수비할 때는 산처럼 미동도 하지 않는다'를 보자. 이는 문자 그대로 태연자약하다는 의미다.

'수비할 때'란 실적 부진에 빠졌거나 적자 경영 상태가 되었거나 주가가 하락했을 때를 뜻한다. 이럴 때 최고 경영자는 당황하거나 판단에 오류를 일으키거나 부하 직원에게 무작정 화를 내기 쉽다. 하지만 그렇게 해서는 문제만 더 어렵게 만들 뿐이다. 꾹 참고 냉정하게 타개책을 모색해야 한다.

손정의도 창업 이후 수많은 고난을 겪었다. 그러나 그때마다 '움직이지 않기를 산과 같이'라는 자세로 고난을 타개하기 위해 노력하는 모습을 보였다. 그렇게 했기에 거래처와 주주가 동요하지 않고 안심할 수 있었으며, 손정의를 끝까지 신뢰할 수 있었다. 물론 그 이면에서는 타개책을 모색하고 활로를 찾기 위해 필사적으로 발버둥 쳤다.

'소프트뱅크 신 30년 비전' 연설에서 손정의는 이런 이야기를 털어놓았다.

"ADSL 사업을 시작했을 무렵, 한순간에 3,000억 엔이나 되는 누적 적자를 내게 되었습니다. 그때는 주주총회에서 주주들에게 꾸지람을 듣기도 했습니다. '변명은 필요 없으니 당장 주가를 올리시오!' 라고 말이지요. 그런 한편, '제 남편이 남긴 퇴직금과 유산을 소프트뱅크에 전부 투자했습니다. 믿고 있으니 더욱 노력해주세요' 라는 격려도 받았습니다. 그때는 정말 눈물이 났습니다. '죽을힘을 다해 노력해야 해. 이를 악물고 힘을 내자' 라는 생각으로 기를 쓰고 다시 달렸습니다. 그리하여 마침내 그 적자의 밑바닥에서 빠져나와, 작년에는 일본 3위의 영업이익을 기록하기에 이르렀습니다."

2009년도에 일본 3위의 영업이익을 기록할 때까지 손정의는 약한 소리를 한 번도 하지 않았고, 표면적으로는 결코 허둥대지 않으며, 산과 같이 태연자약한 모습을 보였다. 그러나 우아한 모습의 백조가 물밑에서는 필사적으로 발을 움직이듯이, 그 역시 수면 아래서는 피나는 노력을 계속했던 것이다.

## 진정한 승리는 모두를 아우르는 것이다

마지막 문자인 해(海)는 손정의의 창작이다. 손정의가 손의 제곱법칙 마지막에 이 문자를 넣은 이유는 무엇일까? 〈프레지던트〉와의 인터뷰에서 손정의는 그 이유를 다음과 같이 설명했다.

"마지막으로 다음의 '풍림화산해' 라는 다섯 문자는 싸움을 해나가는 방법이다. 다케다 신겐의 깃발에 적힌 문구로 유명한 '풍림화산' 이라는 네 문자는 《손자》 군쟁 편에 나온다. 이것은 최전선에서 싸우는 법, 전선 지휘 방법을 나타낸다. 그리고 《손자》에서는 이 네 문자 뒤에 '움직이기는 천둥이 치듯이' 가 이어지는데, 내게는 이것이 군더더기쯤으로 보인다. 손자도 여기에서는 '중시해야 할 순서를 잘못 설정한 것이 아닐까?' 하는 생각이 들었다. 그렇다면 내가 버전업을 해야겠다고 마음먹고, 풍림화산 다음에 '해' 라는 문자를 넣었다. 풍림화산을 통해 싸움을 끝냈더라도 싸움은 아직 완결된 것이 아니다. 싸움이 끝난 뒤에는 평정이라는 작업이 남아 있다.

이 '평정한다' 는 의미가 내 머릿속에서는 바다의 이미지로 이어졌다. 넓고 깊은 바다가 모든 것을 집어삼키고 평정할 때 비로소 싸움이 완결되는 것이다. 최종적으로는 질서를 가져오고 공격한 나라 또는 시장을 치유하는 과정까지 끌고 가야 한다.

우에스기 겐신 같은 무장의 싸움이 미화되어 전승되고, 여기에 심취하는 사람 또한 적지 않다. 싸움 자체에서 예술성과 인생의 가치를 추구하며, 아름다운 싸움을 원하다 사라져 간 장수이기 때문일 것이다. 그러나 나는 이길 확률이 낮은 신규 사업에 도전해 극적으로 승리했다는 무용담에는 박수갈채를 보낼 필요가 전혀 없다고 생각한다."

2014년 5월 7일에 소프트뱅크의 결산 발표회가 열렸다. 2013

년도의 연결결산(국제 회계 기준) 결과 매출액이 전년 대비 108.2 퍼센트 증가한 6조 6,666억 엔을 기록했고, 본업의 수익을 나타내는 영업이익은 1조 853억 엔(전년 대비 35.8퍼센트 증가)이었다. 모두 과거 최고치를 경신했을 뿐만 아니라 업계 1위였던 NTT 도코모를 제치고 처음으로 최고의 자리에 올랐다.

그러나 손정의는 이 실적에 만족하고 있지 않다. 그 증거로 결산 발표회의 연설에서 이렇게 말했음을 들 수 있다.

"현재는 어디까지나 통과점일 뿐입니다. 앞으로 몇 년 뒤에는 '그런 시절도 있었구나. 완전히 들떠서 귀여운 소리를 했었네'라고 말할 수 있는 상태가 되고 싶습니다. 그리고 그럴 자신이 있습니다."

2014년도 소프트뱅크의 예상 실적은 연결결산 기준 매출액 8조 엔이다. 기존의 예상은 7조 엔이었지만 휴대전화 단말기의 도매 사업을 하는 미국의 브라이트스타사를 매수함과 함께 상향 조정되었다(2014년도 실적은 매출액 8조 670억 엔으로 전년 대비 30퍼센트 증가했고, 영업이익 9,827억 엔으로 전년 대비 8.8퍼센트 감소했다-옮긴이).

손정의는 아직도 전속력으로 달리고 있다. 그가 '해'의 경지에 들어서는 것은 아마도 먼 훗날의 일일 것이다.

# 한시라도 생각을 멈추지 마라

손정의는 설령 '해'를 느끼는 경지에 도달하더라도 그 경지에 빠져서 만족하지는 않을 것이다. 기업이 진화를 멈추면 그것으로 끝이다. '일신우일신(日新又日新)'이라는 말이 있듯이 세상은 항상 진보·진화하고 있기 때문이다. 매일 진화하지 않으면 시대에 뒤처져 자멸하고 만다.

소프트뱅크 아카데미아 개교식의 특별 강연을 마무리하면서, 손정의는 이렇게 강조했다.

"손의 제곱 법칙에 대해 저한테 한 번 듣고 '이해했다, 수긍했다'며, 그것으로 끝내서는 안 됩니다. 그렇게 만만한 것이 아닙니다. 20년, 30년, 100년이 걸려서 마음속으로부터 이해했다고, 실력이 생겼다고, 실천할 수 있었다고 말할 때 비로소 진정한 리더가 될 수 있습니다. 영원한 숙제입니다. 저역시 아직 그 경지에 도달했다고는 생각하지 않습니다. 만족하지 않습니다. 아직도 그 숙제를 해나가는 중이라고 생각합니다.

이 아카데미아에서는 앞으로 다양한 응용 사례를 통해, 여러 가지 주제를 통해 손의 제곱 법칙을 자세히 설명하려 합니다. 그런 다음 당신의 프레젠테이션을 보고, 당신의 아이디어를 듣고, 토론을 진행하려 합니다. 그 과정에서도 이 25문자를 활용할 것입니다. 그래서 당신의 마음속에 각인되도록 하고

자 합니다.

지금까지 저는 수천 권의 책을 읽었고 온갖 경험을 했으며, 시련도 많이 겪었습니다. 그 과정에서 이 25문자를 달성하면 리더십을 발휘할 수 있다, 후계자가 될 수 있다, 진정한 통치자가 될 수 있다고 생각했습니다. 이것은 그런 힘을 가진 25문자입니다.

사실 이것은 회사 경영자나 사업가뿐만 아니라 대학 학장이나 대통령 등 모두에게 적용할 수 있습니다. 리더십, 리더가 가져야 할 소양, 싸움에 이기기 위한 25문자이기 때문입니다."

손정의는 마지막으로 다음과 같이 말하고, 약 두 시간에 걸친 강의를 마쳤다.

"한시라도 생각을 멈추지 마십시오. 적어도 저는 항상 생각하고 또 생각합니다. 그런 집념, 신념이 없으면 리더가 될 수 없습니다. 뜻을 높게 가지십시오. 노력하십시오. 고맙습니다."

# 절대 후회 없는 인생을 살아라

나는 손정의가 마흔아홉 살일 때, 그러니까 인생 50년 계획 중 40대 계획(조 단위 규모의 중대한 승부를 건다)의 최종 단계에 들어섰을 때 다음과 같은 글을 썼다.

"손정의는 이제 청년 실업가로서 엄청난 속도로 '일본 최고의 억만장자' 가 되었고, 나아가 세계적인 경영자의 대열에 합류해 이름을 높이고 있다. 즉 50세도 되기 전에 '공명(功名)을 이룬 위대한 인물' 이 된 것이다.

그래도 소년 시절에 품었던 '장래에 학교 선생님이 되고 싶다' 는 꿈은 여전히 잊지 않고 있다. 그는 소프트뱅크 그룹사의 사장이나 경영자를 지망하는 젊은이들을 제자로 삼아 자신이 경영이라는 실전에서 터득한 경영 철학과 이론, 방법 등을 전수하려 하고 있다.

그때 손정의가 제일 먼저 가르칠 것은 틀림없이 '사업(인생) 50년 계획'을 세우는 법과 그 계획을 실행할 때의 경영 지침인 '손의 제곱 법칙'일 것이다."

그로부터 3년 뒤인 2010년 7월 28일, 손정의는 소프트뱅크 아카데미아를 세우고 개교식에서 손의 제곱 법칙에 대해 강의했다. 현대를 살고 있는 젊은 세대는 행복하다. 인터넷으로 검색하면 손의 제곱 법칙 25문자가 무엇을 말하는지, 그 정의를 금방 찾아낼 수 있으니 말이다. 또 소프트뱅크 아카데미아 개교식에서 손정의가 한 강의도 인터넷에서 손쉽게 볼 수 있다.

그러나 그것을 실제로 어떻게 활용하느냐에 대해서는 인터넷에 올려진 기사를 읽거나 손정의의 강의를 듣는 것만으로는 충분하지 않다. 손정의의 인생과 사업 이력을 시간순으로 추적하면서 그가 손의 제곱 법칙을 어떻게 실천해왔는지, 그리고 수많은 난관을 어떻게 돌파하며 오늘날의 손정의와 소프트뱅크를 구축해왔는지 공부할 필요가 있다. 여기에 주안점을 두어 사례 연구를 중심으로 쓰인 이 책은 손의 제곱 법칙이 어떤 개요로 되어 있는지 이미 알고 있는 독자들에게도 커다란 가치가 있다고 확신한다.

시간은 쏜살같이 흐르고, 다시 돌아오지 않는다. 정신없이 지나가는 일상에 휩쓸려 시간을 낭비해서는 나중에 하루하루를 후회 속에서 보내게 될 것이다. 지나간 시간은 되돌릴 수 없으며, 시간은 누구에게도 무한정 주어지지 않는다.

유한한 일생을 후회 없이 의미 있게 보내고자 한다면 세상을 위해, 사람들을 위해 그리고 무엇보다 자신을 위해 어떤 일을 이룰 것인지 결정해야 한다.

대부분 사람은 초등학생 시절 자신이 되고 싶어 하던 사람이나 하고 싶어 하던 일이 있었음을 어렴풋이 기억한다. '저 사람처럼 되고 싶다'라고, 구체적인 누군가가 동경의 대상이었던 사람도 적지 않을 것이다. 그러나 대부분은 자라는 동안 진급, 진학, 취직이라는 문제에 직면했을 때 매번 눈앞의 과제를 극복하는 데 정신을 빼앗기고 만다. 그러다 보면 어느덧 진정한 자신보다 학교 성적, 부모나 선생님, 친구 등의 기대에 부응하는 일을 우선하게 된다. 칭찬받고 주위로부터 높은 평가를 받아 우월감을 느끼고 싶기 때문이다. 그 결과 '진정한 자신'과 '타인에 의존하는 자신'에서 분열되어 어느샌가 '거짓된 자신'의 모습으로 인생을 살아가게 된다.

진정한 자신의 모습으로 살고 싶다면 조용히 자신을 바라보고, '저 사람처럼 되고 싶다'는 꿈을 키우며, 그 꿈에 도취되어야 한다. 그러면 그것이 자연스럽게 '뜻' 이라는 명확한 형태를 갖추기 시작한다. 그리고 여기에서부터 '인생 설계' 라는 것을 생각할 수 있다.

'저 사람처럼'에서 '저 사람'을 'X' 라고 하자. 그리고 X가 정답이라고 가정하고, 역산해서 X에 도달하기 위한 식을 구한다. 그러면 이것이 인생이나 직업, 사업의 시간 축이 된다. 손정의의 예에서 '인생 50년 계획' 이 여기에 해당한다.

그렇지만 계획만으로는 뜻을 실현할 수 없다. 인생이나 직업, 사업을 구조적으로 시스템화하여 바라봐야 한다. 바꿔 말하면 뜻을 실현하기 위한 시스템이라고도 할 수 있다. 손정의는 이것을 '이념, 비전, 전략, 장수의 마음가짐, 전술' 이라는 형태로 시스템화해 25문자로 정리했다. 알다시피 '손의 제곱 법칙' 이 그것이다.

이 두 가지가 인생 설계의 바탕이 된다. 인생 50년 계획이 세로축이라면 손의 제곱 법칙은 가로축이 된다. 이것이 씨실과 날실처럼 짜여서 인생과 직업, 사업을 아름답게 장식해주는 것이다.


품는 꿈이나 뜻은 사람에 따라 다양하다. 여기에 우열 같은 것은 있을 수 없다. 선인의 가르침 중에 '앵매도리(櫻梅桃李)'의 원리'라는 것이 있다. 앵매도리는 벚나무·매화나무·복숭아나무·자두나무를 가리키는데, 언뜻 같은 나무처럼 보이지만 전부 다르다. 사람으로 치면 개성도, 능력도, 품고 있는 꿈도, 삶의 방식도 다르다. 벚나무가 죽었다 깨어난들 매화나무나 복숭아나무, 자두나무가 될 수는 없다. 이는 다른 나무들도 마찬가지다. 그러므로 남과 비교하며 우열을 겨루는 것은 아무 의미가 없다. 또 남을 질투하거나 미워하는 것도 의미 없는 짓이다. 저마다 하늘로부터 부여받은 몸과 개성, 자질, 능력을 최대한 발휘해 '꿈'을 실현하는 것이 최선이다.

이 가르침에 따라 후회 없는 인생을 사는 데에도 손의 제곱 법칙은 큰 도움이 될 것이다. 이것을 활용하느냐 무시하느냐에 따라 당신이 즐거운 인생과 후회하는 인생 중 어느 쪽으로 걸어갈지가 결정된다. 요컨대 '분수령'이 되는 것이다.

바라건대 당신이 꿈의 실현, 바꿔 말하면 자기실현과 완성이라는 즐거운 인생을 살았으면 한다. 즐거운 인생을 산 사람이야말로 진정한 승리자가 될 수 있다.

2014년 5월
이타가키 에이켄

손자×손정의가 만나다
# 손정의 제곱 법칙

제1판  1쇄 발행 | 2015년 11월 20일
제1판 11쇄 발행 | 2024년  2월  2일

지은이 | 이타가키 에이켄
옮긴이 | 김정환
펴낸이 | 김수언
펴낸곳 | 한국경제신문 한경BP

주소 | 서울특별시 중구 청파로 463
기획출판팀 | 02-3604-590, 584
영업마케팅팀 | 02-3604-595, 583   FAX | 02-3604-599
H | http://bp.hankyung.com   E | bp@hankyung.com
F | www.facebook.com / hankyungbp
등록 | 제 2-315(1967. 5. 15)

ISBN 978-89-475-4055-1   03320